フリーランス・個人事業主の
超シンプルな
節税と申告、
教えてもらいました！

聞き手
中山圭子

起業コンサルタント®
中野裕哲

青春出版社

ぼちぼちフリーランス、
起業と節税のプロに手を借りる

「知らなかった…」で損したくないあなたへ

「節税？　それほど稼いでないし、関係ないでしょ」
「面倒な手続きとか帳簿づけとかあるのは、ちょっと……」

　と、多めの税金を国に納めているフリーランス（個人事業主）のなんと多いことか。……なーんて言っている私も、はい、そんな一人でした。「面倒くさいことはムリ！」なずぼらフリーランス。でも、お得なことは好き＆楽天家なので、「みんなやってるならできるでしょ♪」と気楽に白色から青色申告に切り替えたら悪戦苦闘……。運よくメンターに出会えたおかげで楽チンな方法で申告できるようになりました（詳しく知りたい人は『超シンプルな青色申告、教えてもらいました！』をどうぞ）。

　以来、簡単にできる節税だけトライ。やってみてわかったのは、

「お得なのにやってなかったことが、こんなにあったのか！」

　ということ。私だけかと思ったら、周りも意外とやっていない。

　たしかに、税金と申告の仕組みはとても複雑。しかも、国税庁のサイトはお役所言葉でチンプンカンプン、「もういいや……」と心折れる気持ち、よーくわかります。でも、そこであきらめるのは、もったいない！

たとえるならば、稼いだお金を入れる袋に穴が開いていて、そこから
お金がどんどん漏れているイメージ。行きつく先は国のオサイフです。
　わかりやすくするために、すごーく極端な例をあげるとこんな感じ。

何もしなかった場合は……

> ### 売上 300 万円の場合
>
> 300 万円 − 48 万円（基礎控除）＝ 252 万円
> 252 万円 × 10%（税率）− 97,500 円（控除額）
> ＝ **154,500 円　所得税がかかる！**

勝手に引かれる
基礎控除のみの場合

このあと住民税の支払いも
あるのよね…

Before 節税

けっこう稼いだ〜♪
…のに思ったより
増えてないような…

夕めの納税
毎度ありがとう
ございます♡

国税庁

ダダ漏れの穴、ふさぎたいですよね？　というわけで、頼もしい助っ人のご登場です！　節税はもちろん、フリーランスの事業運営のプロ、**起業コンサルタント**® の中野裕哲センセイです（ジャジャーン！）。

モレなくきちんと申告した場合は……😊✨

> **売上300万円の場合**
>
> 300万円 － （**経費** 100万円 ＋ 各種**控除** 200万円）＝ 0円
> 0円 ×5%（税率）
> **＝ 0円　所得税の支払いなし！**

住民税・健康保険料
の額も下がります！

当たり前のことをモレなくきちんと
するだけで、こんなに変わります！

✧✧ After 節税 ✧✧

ビギナー＆小規模フリーランス向き、超シンプル節税！

　前のページで、もうおわかりですね。節税の基本は、

「経費＆控除」のモレをなくす！

　これにつきます。

　収入から必要経費をモレなく引いて所得を出し、所得から控除をモレなく引くこと。さらに、**デジタル化時代の節税はe-Tax**を避けて通れません。

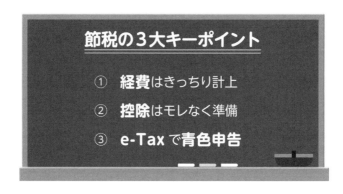

節税の3大キーポイント

① **経費**はきっちり計上

② **控除**はモレなく準備

③ **e-Tax**で**青色申告**

　さて、節税の基本はわかったところで、次に知りたいのは、最小にして最大の効果を上げる節税選び。いくらお得になるといっても、アレコレ気を配って手間ヒマかけてお金をかけて……とはいかないのが、私のような小規模フリーランス。**税理士さんもサブスクもなし、ミニマムな手間で節税**できたら助かりますよね？　というわけで、中野センセイのご指導のもと、絶対やっておいたほうがいい節税、ずぼらでもできる節税を優先して紹介、さらには**インボイス制度などの最新の情報の取り方**までフォローしていきます。

　当たり前のことをして、お得になる節税デビューしちゃいましょう！

中山圭子

● 本書の登場人物 ●

▶起業コンサルタント®の中野センセイ

税理士、特定社会保険労務士、行政書士、ファイナンシャル・プランナー（1級ファイナンシャル・プランニング技能士）などの資格を持ち、多角的な視点から個人事業主や法人の悩みに応える。経営にかかわる様々な専門家で結成されたプロ集団であるV-Spiritsグループ（税理士法人・社会保険労務士法人・行政書士法人V-Spirits、V-Spirits総合研究所株式会社）を主宰。「起業準備から起業後の経営まで窓口一つで支援できるシステム」を構築。年間約700件の起業相談を無料で受け、起業家を世に送り出しまくるすごい人。iDeCoはブラジル株投信一択。ふるさと納税Enjoy派。

◀ずぼら＆ぼちぼちフリーランス中山

お得なことは大好きだけど、省ける手間は極力省きたい面倒くさがり屋。「私のようなずぼらにコスパ優先で節税を教えてくれるやさしい専門家や〜い」と探し求め、寛容な中野センセイをつかまえた幸せ者。

▼フリーランスのみなさん

開業初年、副業、青色申告デビュー組など、フリーランスのみなさん。

本書は、こんなあなた

> フリーランス（個人事業主）
> デビュー（or 準備中）のあなた！

「まずは節税＆申告の基本を教えて！」 に応えます！

> 「稼いだ分だけ税金が増える…」
> **ザル型フリーランス**のあなた！

「余計な税金を払わない方法を教えて！」 に応えます！

のための本です！

「**面倒なこと、ムズカシイことはムリ！**」
なあなた！

むずかしいことはムリ！

「**シンプル＆コスパ重視でやさしく教えて〜**」 に応えます！

こんなあなたには、この本は向きません……

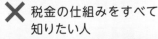

✕ 売上 1,000 万円を超える人　　✕ 税金の仕組みをすべて
　　　　　　　　　　　　　　　　　知りたい人

→ 専門書や別の本をお勧めします

本書の特長

●これはやっとけ！ フリーランス**必須の節税**をメインに掲載

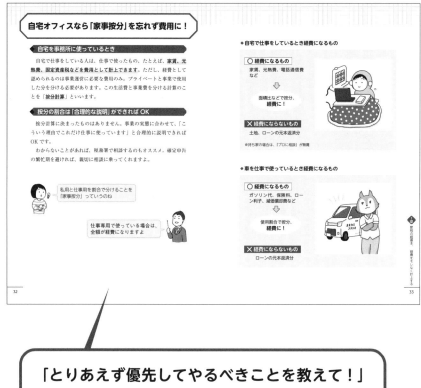

「とりあえず優先してやるべきことを教えて！」
に応えます

「やらなきゃ損！」にフォーカスしてる。
助かる〜♪

●「そもそも税金って…」な、**基礎知識＆事例**をやさしく解説

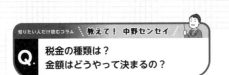

Q. 税金の種類は？
金額はどうやって決まるの？

フリーランス（個人事業主）になって、とにかく面倒なのが税金の申告作業。ユーウツだけど、やらないと損しちゃうし。

会社員は給与から天引きされて、年末調整も会社がしてくれますからね。特に、中山さんのように報酬からあらかじめ税金が引かれる（源泉徴収される）ぼちぼち稼ぎ……いえ、小規模フリーランスさんは、申告をきちんとしないと税金を多く払ったままになる可能性が

素朴な疑問にも
答えます！

税金や青色申告の
基礎知識、具体的
な事例を教えます

●わかりやすい**節税＆申告事例集！**

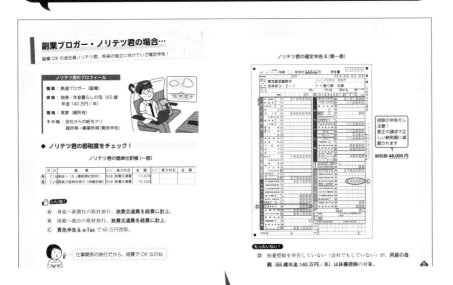

「いいね！」や「もったいない！」ポイントも解説

小規模フリーランスがやるべき

イチオシの 節税ランキング！

1位 ▶ **青色申告**

2位 ▶ 小規模企業共済、e-Tax

4位 ▶ 家事按分

5位 ▶ 扶養控除

6位 ▶ ふるさと納税、住宅ローン控除

8位 ▶ 経営セーフティ共済

9位 ▶ iDeCo、生命保険、HP制作ほか

青色申告が堂々の1位に！

次点の小規模企業共済も開業税理士なら
やってますよ！

＊詳しいアンケートの集計結果、ランキング作成手法については P.154 〜をご覧ください。

売上 300 万円前後の小規模フリーランスは、キャッシュアウトは辛いはず。まずはお金が出ないもの＆生活に欠かせない節税を優先しよう 【1 位 青色申告、2 位 e-Tax、3 位 家事按分オシ】

適用できる控除はモレなく適用、売上拡大のための投資・販促費を優先。余裕があれば、小規模企業共済を 【1 位 青色申告、2 位 扶養控除、3 位 売上に役立つ投資オシ】

小規模企業共済はフリーランスの特権。2 年目以降、生保節税の前にまず経営セーフティ共済を 【1 位 青色申告、2 位 小規模企業共済、3 位 経営セーフティ共済オシ】

小規模フリーランスは節税の必要なし。まずは売上 1,000 万円を目指し積極的に営業すべき。開業したてで「節税、節税」言っている人で大きく成功した人は見たことがない。ただし、小規模企業共済だけは資金繰りに困った際に即日借入できますから、やるべき 【小規模企業共済イチオシ】

規模の大小にかかわらずフリーランスは個人事業主。事業の継続・繁栄のためには税金は避けては通れず、経営者として「必要な納税」と「できる節税」を考えるのは必須 【1 位 青色申告、2 位 e-Tax、3 位 家事按分オシ】

税のプロの意見、助かる〜

ところで…

フリーランス初めの一歩。届出&手続きした？

◆ 国民健康保険・国民年金などの加入手続きは済んでる？

　会社を辞めて起業する場合、**退職した翌日から 14 日以内に、国民健康保険（国保）と国民年金への加入手続き**が必要です。住まいの市区町村の役場などに確認し手続きを忘れないようにしましょう。

　また、所得が少なければ**家族や配偶者の「健康保険の扶養」**に入れます。条件は、①年収 130 万円未満かつ扶養に入る人の年収の 1/2 未満、②三親等以内の家族であることです。

　その他、同じ業種・職種で作る**国民健康保険組合（国保組合）**に加入する方法も。国保と比べたときどちらが得かは、家族構成や年収によって違ってきます。自分が入れる国保組合があるか調べ、確認しましょう。

◆ 開業届、提出した？

　独立・開業したら、開業 1 か月以内に「個人事業の開業・廃業等届出書」を税務署に提出します。開業届を出さないと、**青色申告、小規模企業共済の加入、補助金・助成金の申請など**ができません。必ず出しましょう。

フリーランスの節税になるものの手続きには、開業届が必須なのね

忘れていた人も、気づいた時点で提出しておきましょう！

個人事業の開業・廃業等届出書

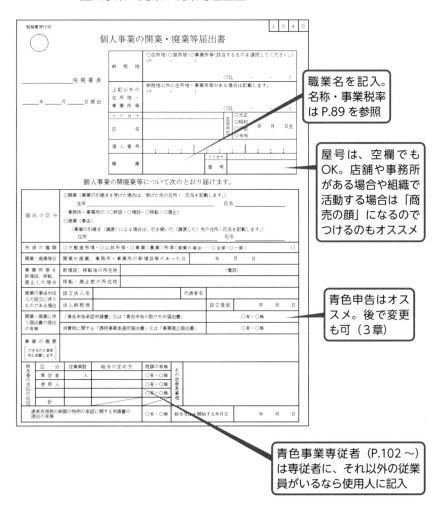

職業名を記入。名称・事業税率はP.89を参照

屋号は、空欄でもOK。店舗や事務所がある場合や組織で活動する場合は「商売の顔」になるのでつけるのもオススメ

青色申告はオススメ。後で変更も可（3章）

青色事業専従者（P.102〜）は専従者に、それ以外の従業員がいるなら使用人に記入

開業届を出さないとできないこと

✕ 青色申告

✕ 小規模企業共済への加入

✕ 補助金・助成金の申請

2章

知らずに損してた!?

所得控除、オトクになるもの こんなにあります!

〜医療費控除、小規模共済、iDeCo、ふるさと納税…〜

3章 〔コスパ最強の節税って？〕

確定申告、e-Taxと青色申告は外せない！
～税理士さんイチオシの65万円控除ほか特典～

4章 税制ニュースにどう対応する？

気になる「インボイス制度」ほか、情報収集のツボ
～信頼できるタイムリーな情報は、こうしてゲット～

イラストレーション：コジママユコ

企画・構成：中山圭子

本文デザイン：浦郷和美

本文DTP：森の印刷屋

校正：鷗来堂

1章

まずは何から始めればいい?

節税の超基本、
経費をモレなく計上する

~開業費、家事按分、交際費…ここはチェック~

「必要経費って何?」なビギナー知識から
「えっ、これも経費になるの?」まで
大事なところ優先で教えます!

余計な税金を払わない「経費」の鉄則

事業に使ったお金（経費）は
モレなく売上から引くこと！

　フリーランスと会社員の違いはいろいろありますが、お金にまつわる大きな違いは、**自分で税金を納めること**。1年間の事業の利益を計算し、それをもとに申告書を作成して所得税を納めるのが確定申告です。

　確定申告では、あなたのあらゆる税金を決める基準となる1年間の事業の利益である「所得」を申告します。この所得の金額をもとに、**所得税だけでなく、住民税や国民健康保険料の額も決まる**のです。

所得（事業の利益）＝ 売上 － 経費

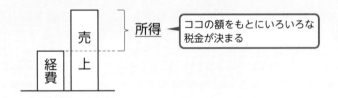

所得

ココの額をもとにいろいろな
税金が決まる

経費をきっちり引くのが、
余分に払わないポイントね

　経費は、事業をするのに必要なお金のこと（必要経費ともいいます）。

　仕事で使う文房具やパソコン、取引先へ行く交通費、打ち合わせに使った喫茶代、お土産を持っていったらその費用も……と経費はいろいろ。それらを売上から引くことで正しい所得金額が導けます。

　もうおわかりですね。**節税の基本は、モレなく経費を計上して正しい所得金額を出すこと**。「経理」の仕事をしている人からすると、ごくごく当たり前の作業です。

とはいえ、すべてのフリーランスが経理の仕事に詳しいわけではありません。「え、それも経費になるんですか!?」とよく驚かれます。知らずに計上モレしている経費がないか、チェックしてみてください。

　計上モレが多い代表的な経費は、事業をはじめる前に使ったお金である「**開業費**」。また、自宅で仕事をしている人は家賃などの「**家事按分費**」。取引先との飲食代は「**接待交際費**」にできますし、仕事に関係がある出費ならば、映画やマンガ、ゲームソフトの購入費なども「**取材費**」や「**新聞図書費**」として経費にすることができます。また、家具や機材などの10万円以上の「固定資産」を購入した場合は「**減価償却費**」として何年かに分けて経費にできます。その他、**いつもより売上が多いときならではの上手な経費の使い方**なども、この章では紹介します。

　難しい裏ワザを駆使する必要はありません。"経理の当たり前"をきっちり理解して、シンプルに節税していきましょう！

ぜったいやるべき！ 経費で節税チェック６

- 事業の支出は「領収書 or レシート」で証拠を（P.24〜）
- 「飲み会・マンガ・ゲーム・旅行」も仕事なら経費（P.28〜）
- 自宅で仕事をするなら「家事按分」（P.32〜）
- いつもより収入が多いときの経費の使い方（P.36〜）
- 10万円以上の機材などは数年に分けて経費に！（P.40〜）
- 「開業費」を忘れずに（P.44〜）

領収書＆レシートなど取引書類をきっちり保存

◆ 事業にかかわる出費は、モレなく経費にする

　業務に必要な文房具や機材を買ったとき、打合せのために喫茶店で飲食をしたときなど、事業に関する出費（経費）は、必ずレシートか領収書をもらい、帳簿につけておきましょう。**すべての経費をモレなく売上から引くこと**が余計な税金を払わないための第一歩です。

　帳簿は、会計ソフトなどデジタル活用がオススメです（3章を参照）。

◆ 領収書 or レシートは一目でわかるようにファイリング

　紙でもらった領収書などは、ファイリングしてきちんと保管しておくこと。これらは、あなたの事業の「取引書類」の一つ（法律上の正式名称では「証憑」といいます）。一定期間保管することが義務づけられています。万が一、税務調査があったときなど**経費の証拠となる強い味方**です。

◆ ネットで買い物をしたときの領収書はデータで保存

　Amazon などネット上での買い物は「電子取引」にあたります。この場合の領収書は**データのまま保存**しておく必要があります。購入先のサイトで領収書の発行法を確認し、パソコン内などで保存しておきましょう。

> 対面でもらった紙の領収書はファイリング。ネット上での取引（電子取引）はデータ保存です

> ネットの買い物は、サイトの「注文履歴」から領収書をダウンロードできるから、必要になるまではそこで保存してるってことでいいか

◆ 事業に使ったお金は、領収書かレシートを必ずもらう

宛名を入れる
※「上様」はなるべく避ける

領 収 書

ぼちぼちフリーランス様

発行日　2023年08月20日

￥11,000 ─

内訳		
税率	税抜金額	10,000
10%	消費税額	1,000
税率	税抜金額	0
8%	消費税額	0

但し ご飲食代として
上記正に領収いたしました。

※『節税本』打合せ食事代
中野センセイ＆Ｔ編集長

株式会社 青春出版社内　カフェ てじー
東京都新宿区若松町１２－１
登録番号：T1234567890123

メモを書き残す

◆ スクラップブックなどに貼り付けて、なるべく早く整理

下から上へ貼っていく

**伝票 No. を記入して、
すぐに探せるように**

領収書
￥11,000-
④

領収書
￥123,456
①

○×SHOP
合計 ￥2,345-
②

○×○商店
合計 ￥1,245-
③

◆ ネットショッピングの領収書はデータで保存

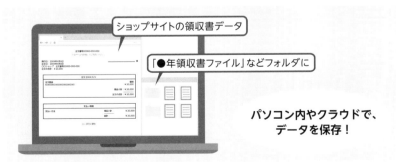

ショップサイトの領収書データ

「●年領収書ファイル」などフォルダに

**パソコン内やクラウドで、
データを保存！**

教えて！　中野センセイ

Q. 税金の種類は？
金額はどうやって決まるの？

 フリーランス（個人事業主）になって、とにかく面倒なのが税金の申告作業。ユーウツだけど、やらないと損しちゃうし。

 会社員は給与から天引きされて、年末調整も会社がしてくれますからね。特に、中山さんのように報酬からあらかじめ税金が引かれる（源泉徴収される）ぼちぼち稼ぎ……いえ、小規模フリーランスさんは、申告をきちんとしないと税金を多く払ったままになる可能性が高いです。個人事業主に主にかかわりのある税金は、**所得税、住民税、事業税、消費税、償却資産税（固定資産税）**の5つですね。

 へ、5つも？　所得税の確定申告しかしてない……（ドキドキ）

 住民税と事業税は、確定申告をすればOK。自動的に地方自治体へ資料が回される仕組みなので個別に申告しなくても大丈夫。6〜8月に納税通知書と納付書が送られてきますよ。**消費税は、2年前の売上が1,000万円以下の事業者は免税**、申告の必要はありません（インボイス制度については P.122〜）。**償却資産税（固定資産税）の申告は固定資産（P.40〜）を計上している人だけ**。ちなみに、事業税（P.89）は青色申告特別控除前の事業所得が290万円以下の場合はかかりません。

 なるほど、確定申告は毎年してるし、おっしゃるとおり私は売上

1,000万円もない免税事業者、かつ、これといった資産もありませんから消費税も償却資産税も関係ない、と。……ん？　事業税ってのは、払ったことがないような……。

中山さんは著述業（作家、ライター、編集者など）なので、事業税がかかりません。他にも、助産師業、農業には事業税はありません。

ぬおぉぉ、それは大変ありがたい！　税額はどうやって決まるのかな？　ぼちぼち稼ぎの者に配慮してもらえてるのかしらん。

はい。たとえば、所得税の場合なら、課税される所得金額が少ないほど税率も低くなっていますよ。

所得税の速算表

課税される所得金額	税率	控除額
1,000円 から 1,949,000円 まで	5%	0円
1,950,000円 から 3,299,000円 まで	10%	97,500円
3,300,000円 から 6,949,000円 まで	20%	427,500円
6,950,000円 から 8,999,000円 まで	23%	636,000円
9,000,000円 から 17,999,000円まで	33%	1,536,000円
18,000,000円 から 39,999,000円まで	40%	2,796,000円
40,000,000円 以上	45%	4,796,000円

また、**国民健康保険料（税）も確定申告の金額をもとに決まります。**税額を決める方法は自治体によって違いますが、いずれも所得金額がもとになります。あらゆる税金を計算する大もとの所得金額、正しくスリム化すべき理由、わかりました？

はい！　**所得金額を低くするほど、税金も保険料も安くすむ**ってことですね。経費のつけ忘れのないよう気をつけます！

1章

節税の超基本、経費をモレなく計上する

「飲み会」「映画」「旅行」も仕事と関係あれば経費

◆ あなたの事業に必要なものは経費になる

経費は必要経費ともいいますが、その名の通り「あなたの**事業に必要かどうか**」が判断の基準。

漫画家にとってのコミック本や雑誌、ゲームクリエイターにとってのゲームソフトなどは参考資料として経費になります。あなたがYouTuber ならば撮影のために行った旅行は「取材費」や「旅費交通費」、映画のレビューなどをしているライターであれば映画代は「取材費」になります。衣料品や雑貨のお店を経営しているなら仕事に関係する洋服や小物もサンプル品として経費になります。

また、カフェで打ち合わせや取材をしたときの代金、仕事関係のイベントのチケット代、業界の交流会などの参加費、仕事の打ち上げの飲み会や食事代なども「取材費」や「接待交際費」といった経費にできます。

いずれも、仕事を進める、人脈を築く、情報収集する、販路を広げるなど「**事業に不可欠である**」と自信をもって**説明できるなら OK** です。

◆ プライベートとの区切りが難しいときの考え方

当然ですが、私用で使うものは経費にできません。代表的な例は、スーツと鞄。親戚の集まりやフォーマルな集いなど、プライベートでも使いますよね。「**事業以外では絶対に利用しない**」と言えるものでなければ**経費にはならない**、というのが原則です。

著者が主催するパーティやセミナーへの
参加費も経費よね…

仕事関連のイベントは、
接待交際費でOKですよ

◆ これは経費になりますか？

	摘　要	勘定科目	備　考
経費になるもの	アパート・マンションの家賃	地代家賃	事業専用割合のみ
	電気代	水道光熱費	〃
	車・住宅ローンの利子	利子割引料	〃
	トイレの修理代	修繕費	〃
	仕事部屋のエアコンの修理代	〃	専用室は100%
	営業のための得意先との飲食代、手土産代、義理チョコ代など	接待交際費	事業への関わりを説明できるもの
	仕事相手へのお中元・お歳暮代	〃	〃
	仕事に関係するクラウドファンディングの支援金	〃	返礼品次第では消耗品費など他の科目もあり
	仕事がらみのセミナー・イベント参加費	接待交際費、取材費など	事業への関わりを説明できるもの
	アンケート・取材に協力してもらった際の謝礼の図書カード、ビール券などの金券	〃	〃
	仕事の下調べでの映画チケット代、動画サイト使用料	取材費など	〃
	カフェで打合せをしたときの飲み物代	会議費など	〃
	グリーン車乗車券	旅費交通費	クライアント同伴、普通席満席などの場合
	パソコン、応接セット、車、建物ほか、10万円以上の固定資産	減価償却費	決算整理で減価償却費として
	その他、事業で使うことが説明できるもの	相応の科目	
経費にならないもの	車・住宅ローンの元本返済分	借入金	
	賃貸アパート・マンションの敷金や保証金	敷金・保証金	
	マンションや自宅の土地	土地	
	仕事中に飲むコーヒー・お茶代など	福利厚生費	従業員がいればOK
	その他、事業で使うことが説明できないすべてのもの		

※　一つの目安ですので、迷ったときは税務署に相談してみましょう

教えて！ 中野センセイ

Q. どこまで経費にしちゃっていい？

意外といろんなものが経費になるってわかりました。遠方の著者に会いに行く旅費も出張費になりますよね。せっかくだからゴージャス旅行にして経費で落としちゃおうっと♪

えーと、僕の話、ちゃんと聞いてました？ 仕事に必然性のないプライベートの活動に使ったお金は経費になりませんからね。ホテルの宿泊費もビジネス利用と考えたときの常識の範囲内で。**せいぜい1万〜1万5千円くらいまででしょうか**。明らかに高額なものは認められません。

グリーン車でビールとチーカマなゴージャス旅としゃれこもうと思ったのに……無念。

……お手軽なゴージャスですね。ちなみに、グリーン車は「普通車が満席だった」「クライアントが同行していた」など相応の理由があれば経費になります。同様にタクシー代もOK。とはいえ、電車で行けない理由もないのに東京から大阪までとかはダメですからね。中山さんが税務署の職員だったら、と思って考えてみてください。

はい。グリーン車はともかく、ビールとチーカマは明らかに「自腹で買え」って思いますね。東京 - 大阪間をタクシーって「どんなお大尽だよっ！」って腹立ちます。

常識あるじゃないですか。**相手の立場になったとき「経費です」って言われて腹が立つかどうか**、で考えてみてください。逆に言えば、「高価に思えるかもしれませんが、こういう理由で必要なんです」と税務調査が入ったとしても説得できる自信があるなら経費にして OK です。

必要性を主張できるならいい、と。ところで、税務調査って何なんですか？　具体的には何をするんでしょう？

所得税は、事業者が申告して税金が決まる「申告納税方式」。ですから、提出された申告に何か疑問がある場合など、税務署の職員が訪ねて行って確認するのが税務調査です。どんなものが経費に計上されているのか、どんな理由で事業に必要なのか、実際に費やされたものなのか、などを帳簿や証憑を見ながら確認されます。

なーんだ。実際に経費が記されている帳簿や証拠となるレシートなんかをチェックされるのは、税務調査があったときなんですね。出番がないに越したことはないですね。

いやいや、**経費を把握することは経営に欠かせない「経理」の仕事**です。税金の計算だけじゃなく、赤字になっていないか事業の状態をチェックできますし、金融機関から融資を受けるときには欠かせない資料になります。この本では、節税にフォーカスしていますが、「事業を順調に運営していく」という大きな目的を忘れたら、本末転倒ですよ。

そういえば、新型コロナウイルス感染拡大のときの持続化給付金や支援金の申請でも、帳簿が役に立ったっけ。なるほど、経理なくしてお得はない、と肝に銘じます！

自宅オフィスなら「家事按分」を忘れず費用に！

◆ 自宅を事務所に使っているとき

　自宅で仕事をしている人は、仕事で使ったもの、たとえば、**家賃、光熱費、固定資産税などを費用として計上できます**。ただし、経費として認められるのは事業運営に必要な費用のみ。プライベートと事業で使用した分を分ける必要があります。この生活費と事業費を分ける計算のことを「**按分計算**」といいます。

◆ 按分の割合は「合理的な説明」ができれば OK

　按分計算に決まったものはありません。事業の実態に合わせて、「こういう理由でこれだけ仕事に使っています」と合理的に説明できればOK です。

　わからないことがあれば、税務署で相談するのもオススメ。確定申告の繁忙期を避ければ、親切に相談に乗ってくれますよ。

私用と仕事用を割合で分けることを
「家事按分」っていうのね

仕事専用で使っている場合は、
全額が経費になりますよ

◆自宅で仕事をしているとき経費になるもの

◯ 経費になるもの

家賃、光熱費、電話通信費
など

面積比などで按分、
経費に！

✕ 経費にならないもの

土地、ローンの元本返済分

※持ち家の場合は、「プロに相談」が無難

◆車を仕事で使っているとき経費になるもの

◯ 経費になるもの

ガソリン代、保険料、ロー
ン利子、減価償却費など

使用割合で按分、
経費に！

✕ 経費にならないもの

ローンの元本返済分

Q. 仕事とプライベートの費用を分けるとき、注意すべきこと

家で仕事をしているフリーランスにとって、何割を仕事の経費にしていいのかは悩みどころです。相場ってあるんですか？

一人暮らしか、家族と暮らしているか、などケースバイケースなので「何割が相場」と言うのは難しいですね。一般的な考え方は、「**事業で使っている面積で決める**」というもの。仕事専用に使っている部屋があれば、その面積で。明確に分かれていなければ、常識的に説明がつく面積で。次のページに、家族3、4人暮らしのマンション（100㎡）の一例をあげておきますので参考にしてください。**ガス・上下水道代は経費として認められないのが基本**。もちろん、飲食店やケータリングなど、それらが必要な業種の場合は経費になりますよ。

持ち家だった場合、ローン利子や減価償却費（P.40〜）なんかも按分して経費にしちゃっていいですよね？

これはケースバイケースですが、かなり注意が必要です。まず、**住宅ローン減税をしている場合は控除を按分**しなければなりません。また、売却することになったとき、事業として経費で落としていた分の割合は自宅の売却益に認められている優遇措置が使えなくなります（売却益が経費にしていた分だけ減る）。手間や将来のことなどを考えると、正直、僕はあまりオススメしていません。

自宅を仕事場にしている（事業専用割合20％）とき…

自宅兼オフィスの1か月の費用例
家賃　15万円
電気代　1万4,000円
電話代　1万5,000円
ネット接続料　5,000円

家賃 **家賃 × 事業用スペース (㎡) ÷ 総スペース**
15万円 × 20㎡ ÷ 100㎡ = **3万円** → 地代家賃で計上

電気代 **電気代 × 総営業時間／月 ÷ 総時間／月**
1万4,000円 × 198時間 ÷ 744時間 = **3,725円** → 水道光熱費で計上
※1か月31日で計算

電話代 **基本使用料 ÷ 2 ＋ 取引先などとの通話料金**
5,000円 ÷ 2 ＋ 5,000円 = **7,500円** → 通信費で計上

ネット接続料 **接続料 × 総営業時間／月 ÷ 総時間／月**
5,000円 × 198時間 ÷ 744時間 = **1,330円** → 通信費で計上

ガス・上下水道代
基本的には、経費として認められない（飲食店などの事業を除く）

ふむふむ。まぁ、私の場合は持ち家でも、住宅ローン減税はないし、売る予定もないから、いいかしらん。

売る予定ないって言い切っちゃっていいの？　リスクをちゃんと認識しての判断ならいいんですけど。僕、ちゃんと伝えましたからね、中山さん。事業や持ち家の状況などで事情が違ってきますので、持ち家のオフィスで家事按分する場合は、税理士の無料相談などをぜひ活用してください。

いつもより売上が多いときの節税法

◆ 10万円未満の買い物で節税する

売上が伸びていつもより利益が大きくなる場合は、そのままにしておくと税金をいつもより多く払うことに。そんなときは、**事業で使う備品を見直すチャンス**にしましょう。たとえば、パソコンを新しいものに買い替える、動画制作用の機材を新たに購入する、などです。ポイントは、**一つひとつの買い物は1組10万円未満に抑える**こと。1組10万円以上の機材は固定資産として数年かけて償却する（経費にする）のが原則だからです。ただし、**青色申告をしている人は30万円未満がOK**（P.98）。

◆ 事業のHP制作など「広告費」を使う

意外と知られていないのが、ホームページの制作費。これは金額の制限は特になく**「広告費」として一括でその年の経費にすることができます**。たとえば、12月1日に発注して12月31日までに開設していれば50万円の制作費を売上から引くことができます。

ただし、製図ができるCADや、商品決済ができるECサイトなど、**プログラムで動くソフトウェアが組み込まれたものはNG**です。

◆ 事業の投資になる買い物をしよう！

経費になるならなんでもいい、というわけではありません。費用をかけるべきは、快適な仕事のための環境づくりや、事業がより順調に伸びるための買い物です。**節税のためにとムダ遣いをして利益が減ってしまっては本末転倒**。「この買い物は、投資？　浪費？」と考えるクセをつけるようにしましょう。

◆いつもより儲かったときは事業に投資しよう！

働きやすい環境づくりに投資！

パソコン、車、仕事で使う機材などを
新調。腰痛防止チェアなど、環境改善
グッズを購入

新規事業に投資！

動画チャンネル開設に向けて、カメラ、
マイクなど制作用の機材を購入

販売促進に投資！

HP制作のための費用。
メディアへの広告費。
営業先へ配布する広告付きカレンダー
など

注意！ パンフレットやチラシなど、
数年にわたって利用する予定のものは
一括で経費にはできません

私は、次の本の取材費に
しようかしらん♪

教えて！ 中野センセイ

Q. 節税して損をすることがあるって、
どういうこと？

 経費になるからって何でも買えばお得かというとそうじゃないって、身に染みますぅ。会社員時代は、「経費 ＝ 会社のお金」でしたけど、個人事業主にとって「経費 ＝ 自分の財布からの出費」ですもんねぇ。

そうなんです。「この買い物は、のちのち事業のためになるかな？ 売上に貢献するかな？」って考えて使うべきですね。「節税のためならお金を払う！」みたいな近視眼的なダメな考えに陥らないためにはゴールを見誤らないこと。そういう意味で、**節税がデメリットになることがある**、ということも知っておいた方がいいですよ。

節税のデメリット？　なんですか、それ？

まず、近いうちに家を買う予定があるなら節税をしすぎないこと。所得を抑えるのが節税の基本ですが、**所得が低いと銀行などの融資（借入）を受けることが難しくなる**からです。所得金額は、あなたの「稼ぐ力」の証明書のようなもの。「貸しても回収できないのでは……」と思われないように、家を購入する３年前から（※）所得を上げて準備をしてください。また、クレジットカードも同様。独立前の人ならば、会社員という信用があるうち、つまり**会社を辞める前にカードは作っておくこと**をオススメしています。

※融資の審査では確定申告３年分を提出します

節税しすぎると信用を失うリスクがあるのね。節税のデメリット、他にもあります？

そうですね。「税金を払わないこと」に固執する人のなかには、当たり前にするべきことをしていないケースが割とあります。たとえば、経費の記録がどんぶり勘定だったり、プライベートの費用を経費に大量に入れていたり、などです。思ったより売上が出ちゃって慌てて「節税」したつもりでも、そういうズサンな部分を税務署の人たちは見過ごしません。結果、余計な税金をとられることがあります。具体的に言うと、税務調査があったときに申告モレなどが見つかると**過少申告加算税**（10% or 15%）が課せられます。数年前までさかのぼって掛かるので、金額も大きくなりますよ。さらに、経費や金額を偽った場合は**重加算税**（35 ～ 40%）という大きなペナルティが課せられます。明け透けに言えば「脱税」ですから罰も大きくなるんですね。

ひー、脱税なんてめっそうもない！　でも、うっかりミスが多い身としては、税務調査とか、申告モレとか……聞くだけでドキドキしちゃう単語です。でも、私レベルのぼちぼち稼ぎの個人事業主のミスを見つけたところで、取れる税金なんてないに等しいでしょ。そもそも税務調査ってホントに来るんですか？

来ますよ。特に**今どきの新しい仕事や副業で景気のいい人は要注意**ですね。SNS のインフルエンサーや YouTuber、中古品の転売などで大きな利益が出ている人は、マークされていると思って正解です。

そういえば、確定申告シーズンのニュースで「インフルエンサーに追徴課税」とか見かけたっけ。税務署に目をつけられるほど本が売れた暁には、申告モレにはよくよく気をつけます！

10万円以上のものは数年に分けて経費にする

◆ 数年かけて費用にする「減価償却」

　購入にかかった費用が一組10万円以上、なおかつ1年以上使用が見込まれるもの、たとえばパソコンや事務机などを**固定資産**といいます。固定資産は一度に経費にすることはできず、**複数年にわたって少しずつ費用を計上しなければなりません**。これを減価償却といいます。

　減価償却費の計算法には、「定額法」と「定率法」の2種類があります。定額法は、毎年一定額を経費として計上する方法。定率法は最初に経費を多めに計上し、年々経費にできる金額を下げていく方法。どちらを選んでも最終的に計上する額は変わりませんが、**定率法を選択する場合は、事前に「減価償却資産の償却方法の届出書」を税務署に提出**する必要があります。

◆ 償却資産の合計が150万円未満は免税

　個人事業主は、償却資産の有無にかかわらず毎年1月31日までに、償却資産の所在する市町村役場（東京23区は都税事務所）に**償却資産申告書**を提出するのが基本です（資産がない場合、提出不要としている自治体も一部あります）。

　償却資産は申告内容にもとづいて各自治体によって評価・計算され、その合計（**課税評価額**といいます）が150万円以上になる事業主には、各自治体から納税通知書が届きます。**150万円未満は免税**です。

　私は青色申告（3章）しているから、一組30万円未満なら一括で経費にできます〜

　青色申告なら年間総額300万円まで経費にできますよ

◆ 20万円のパソコンを買ったときは…（定額法）

減価償却資産になるもの	耐用年数	償却率
事務机、椅子、キャビネット（金属製）など	15年	0.067
パソコン	4年	0.250
プリンター（コピー・スキャナー複合機）	5年	0.200
エアコン	6年	0.167
カメラなど映像機器	5年	0.200
時計	10年	0.100
楽器	5年	0.200

20万円のパソコン（4月20日使用開始）を定額法で減価償却した場合

	取得価格		償却率		使用月数/年		減価償却費
1年目	20万円	×	0.250	×	9/12	=	**37,500円**
2年目以降	20万円	×	0.250	×	1	=	**50,000円**

◆ 申告対象となる償却資産（一部）

業種	主な償却資産の例
（共通）	パソコン、コピー機、ルームエアコン、応接セット、内装・内部造作、看板、LAN設備など
料理飲食店業	テーブル、椅子、厨房設備、冷凍冷蔵庫、カラオケ機器など
小売業	陳列棚、陳列ケースなど
理容・美容業	理容・美容椅子、洗面設備、消毒殺菌機、サインポールなど
諸芸師匠業	楽器、茶器、花器、衣装など

課税対象外のもの

- ●自動車税、軽自動車税の課税対象のもの
- ●無形固定資産（特許権、ソフトウェアなど）
- ●取得価格20万円未満で「3年間の一括償却」（P.43）を選択したもの

Q. 減価償却、償却資産の申告…、
面倒だからやらなくてもいい？

減価償却、償却資産、固定資産……よくわからないので、やらなくてもいいですか？　面倒だし……素人だし（テヘペロ）。

しょうがないなぁ……とは残念ながらなりませんね。確かに、償却資産申告書については自治体によってルールが若干違うところもあるなど、税理士でもフォローするのがやっかいな、注意の必要な税金です。でも、「知りませんでした」ではすまないのが税金のコワイところ。多額の償却資産を申告せずにいて、税務調査などで発覚した場合、それまで払っていなかった**税金プラス延滞金**などの請求が来る場合も。モレに気づいた時点で速やかに申告や修正をしたほうがいいですね。ちなみに、**償却資産税は 1.4％。150 万円未満なら免税**です。

ひー、延滞金とかコワ過ぎます！　私、償却資産はないはずなので、大丈夫ですよね？

中山さんが現在事業をしている東京 23 区の場合は事業者が多過ぎることもあってか「償却資産を所有している人」が申告の対象。なので償却資産がなければ申告の必要はありません。でも、本来、償却資産申告書の提出は**「償却資産の有無にかかわらず」が基本**です。ご自身の自治体はどうか、確認してくださいね。また、申告をしていないと「償却資産はありませんか？」と確認の手紙が届くことがあります。その場合は、「該当資産なし」として申告すれば OK です。

はぁ……ほっとしました。そもそも青色申告をしていれば一組30万円未満なら一度に経費にしちゃってOK（P.98）なんですよね？

はい。特例措置ですが、毎年延長されています。年間総額300万円まで経費にできますので、大きな利益が出た年などは、活用しがいがありますね。

でも、減価償却も毛嫌いせずに理解したほうがお得ですよ。大きな額の資産を年をまたいで少しずつ経費にしていけるんですから。

ちなみに、途中で故障して使えなくなり廃棄処分となった場合は、「固定資産除去損」という勘定科目で経費として一括計上できます。

ふむふむ。他に償却資産で覚えておくといいこと、あります？

取得価格が20万円未満のものなら「**3年間の一括償却**」という方法も選べます。償却資産の購入金額を3等分して1年ごとに支払うことで、3年間で全額を経費とする方法です。償却期間が短いのがメリット。また、**償却資産税の課税対象外**ですね。

ほほぅ。償却資産がたくさんある人は、活用できそうですね。150万円以上だと税金がかかっちゃうから、20万円未満のものは「3年間の一括償却」を選択するという感じで。

いずれの場合も、数年かけて経費にしていく資産ですから、きちんと帳簿や台帳に記録して管理してください。

「簡単仕訳帳」（P.160）にも自動で計算できる「簡易減価償却・固定資産台帳」が付いてますので、ご活用ください！

意外と忘れがち、開業準備に使ったお金に注意

◆ 10万円未満はサクッと経費に

　事業を始めるために用意した名刺や印鑑、開店のお知らせのチラシ代、お店のHP作成費、また起業のためのセミナー代や打ち合わせ費用、交通費など、**開業以前に使ったお金も「開業費」として経費にできます。**

　10万円未満の少額のものなら開業した日付の経費にしてしまっても差し支えありません。

◆ 将来の節税につながる「繰延資産」

　小売り店や飲食店など店舗をかまえる事業の場合は、商品の材料費、お店のテナント料（賃料）や水道光熱費などの費用も開業費になります。金額が大きくなりますから、別途「開業準備に使った費用」として領収書などを整理・集計・保存しておくことが大切です。

　10万円未満の少額の場合は上記のように一括で経費にしてもOKですが、本来は「繰延資産」として計上するのが開業費の正しい処理。こうすることで、**年をまたいで自由に経費にする（償却する）**ことができます。たとえば、利益の少ない開業初年は経費に計上せず、利益が大きくなった2年目、3年目などに適度な金額だけ経費に計上することで節税効果が上がります。

　ただし、**以下の3点は一般的に「開業費」には含めません。**

　・後で返還される敷金
　・10万円以上の固定資産
　・商品の仕入代金

所得（利益）が大きい年に償却する（経費にする）のが節税のコツです

◆ ノリテツ君 (鉄道ブロガー・副業) の場合…

名刺、撮影専用の衣装や機材、
格安ノートパソコンなど

→ **開業費 95,800 円**

---

10 万円未満なら、開業日の経費にしても OK ！

◆ メンタツさん (ラーメン店経営) の場合…

開業前の家賃、仲介手数料、試作品の材料
費、許認可手続費用、HP・メニュー表制
作の費用、水道代、電気代など

→ **開業費 700 万円**

**金額が大きいときは、別途「開業費」で整理・集計・保存を徹底！
初年以降、必要な分だけ経費にできます**

店舗や専門の機材など、開業時に大金を投資している
フリーランスさんは「開業費」の管理が大事なのね

Q. 開業費、どのくらい前のものまで OK?

開業日より前に使ったお金も経費になるんですね。じゃあ、私も独立準備中に行った取材旅行を今から開業費に……

何年前の話ですか、それ。**開業費は開業年に計上してなくちゃダメ**ですよ。他にもよく聞かれるのは、「どのくらい前のものまで開業費にしていいですか？」という質問。税法上は特に定められていませんが、**常識的に言って半年前くらいまで**でしょう。もし、「10年間準備してきたので開業費にします！」って主張する人がいたら、僕はその人の依頼は受けたくないですね。

ま、そりゃそうですよね。でも、半年だって十分お得ですね。リアル店舗の自営業だとテナント料ってばかにならないから、とても助かるのでは。しかも経費にできる年を選べるって、すごい！

そうなんです。開業当初は何かとお金がかかるのに、なかなか利益が上がらずに赤字になることもよくあります。利益がないんじゃ節税のしようがないですけど、開業費は開業初年の経費にしなくてもOK。専門的には「繰延資産として任意償却する」と言いますが、簡単に言うと「好きなタイミングで経費にしていいよ」ということ。**儲かった年に経費として処理すれば利益を抑えられます**から、節税になります。

コレ、けっこう知らない人、多いのでは？　むぅーん、私も無職

期間中に行った沖縄旅行……じゃない沖縄取材を計上していれば〜！

 ……あきらめ悪いですね。中山さんの観光旅行は論外ですが、たとえば、セレクトショップ開店のための買い付け出張費などは、開業費として計上できますよ。起業準備中の人で「まだ開業してないけど、レシートや領収書はどうしよう？」という場合は、事業に関係しそうなものは、とりあえずすべて捨てずにまとめておきましょう。

 開業費にしちゃいけないものもあるんですよね？

 テナント賃貸した場合の**敷金**、10万円以上の**固定資産**、また商品の**仕入れ代金**などは開業費ではなく、それぞれ別の名目で処理する必要があります。開業費もそうですが、敷金などは「資産」に相当するもの。大きな額を数年にわたって管理・処理していくので、きちんとわかるように帳簿につけておく必要があります。

 青色申告もできちゃうような帳簿がオススメってことですね。

 はい。白色申告用の収支だけがわかる簡単な記帳でもできないことはありませんが、複式簿記と呼ばれる記帳法のほうが開業費（繰延資産）などの**資産の状況も一目でわかります**からね。青色申告用の帳簿をつけてくれる会計ソフト選びについては3章で紹介していますよ！

 いまは便利なソフトもたくさんありますもんね。私は超シンプルでお金のかからない「簡単仕訳帳」を使ってます。開業費の仕訳については、簡単仕訳帳ソフト付きの『超シンプルな青色申告、教えてもらいました！』（P.160）でも解説していますので、ぜひ、参考にしてください！

まだある！ コレも経費になりますよ

◆ 事業のために借りたお金の利息

売上につなげるための設備投資や運転資金など、**事業のために借りたお金の利息**は経費にできます。注意したいのは、借入金は経費ではないこと。100万円借りて年間の利息が3万円の場合は、3万円のみが経費です。

◆ 短期前払費用

家賃の前払い、火災保険料の前払い、サブスク型のサービスの前払いなど、支払日から1年以内に役務（サービスなど）が提供されるとわかっている前払費用については、支払時に経費に計上することができます。「支払日から1年以内に提供を受ける役務」かどうかが判断基準になるので、**1年より後に受けるサービスは短期前払費用になりませんので、**注意してください。

◆ 家族以外の従業員へのお茶・おやつ代など

家族以外に従業員を雇っている場合、従業員の福利厚生のための支出を一定の条件のもと経費にできます。具体的には、休憩時にとるお茶、コーヒー、お菓子代、また、スポーツジムの会費補助やチケット支給などのレジャー費用など。条件は、①社会通念上、妥当なもの、②従業員全員を対象とすること、③経済的利益が著しく高くないこと。「常識の範囲で」ということですね。

私のおやつ代は、経費で
落ちないのか…

◆ 経営セーフティ共済の掛金

経営セーフティ共済（中小企業倒産防止共済制度）は、中小企業基盤整備機構という公的機関が運営している共済制度。取引先が倒産したとき、中小企業が連鎖倒産することや経営難に陥ることを防ぐためのものです。

掛金月額は 5,000 円〜 20 万円まで自由に選べ、増額・減額できます。無担保・無保証人で掛金の最高 10 倍（上限 8,000 万円）まで借入れできます。名前のとおり個人事業主にとってのセーフティ対策となり、しかも、**掛金は全額が経費に計上**できます。

使い勝手のいいところは、1 年分の前払いができること。なので、思いがけず利益がたくさん出た年など、年末に加入して 1 年分前払いをすれば最高で 240 万円を経費とすることができます。

共済契約を解約した場合は、解約手当金を受け取れます。自己都合の解約であっても、掛金を 12 か月以上納めていれば掛金総額の 8 割以上が戻り、40 か月以上納めていれば、掛金全額が戻ります（12 か月未満は掛け捨て）。

注意すべきは、**解約して掛金が戻ってきたときは全額が所得**となること。つまり、節税対策として使う場合は、戻ってきたときの対策を考えておく必要があります。

儲かり過ぎた年に、ひとまず利益を先送りし、「じっくり節税策を考えるための猶予期間」と覚えておいてください。

問合せ先

独立行政法人 中小企業基盤整備機構

共済相談室　050-5541-7171
【受付時間】平日：午前 9 時〜午後 5 時

納付月数が 12 か月未満の場合、解約手当金は受け取れませんので、注意してくださいね

◆ クリエイター向け。作品がヒットしたときの節税

　経費とは関係がありませんが、中山さんのような、印税などを主な収入としていて、その額に波があるフリーランスさんが知っておくべき「**平均課税制度**」というものをご紹介しておきましょう。

　平均課税制度は、臨時的に収入が増えた人や年によって収入の変動が激しい人に対する税金を緩和する制度。「**原稿、作曲の報酬による所得**」や「**著作権の使用料による所得**」といった「変動所得」などに適用されます。3年分の変動所得の税率を平均化して求めることで、通常の超過累進税率よりも低い税率を適用して税額を計算できます。

　たとえば、本の取材と執筆に2年を費やし、その間は無収入だったのに3年目に出た本が大ヒット！……となると1年の収入が突出してしまい、毎年均等に稼ぐよりも税率が跳ね上がり税金も極端に上がってしまいます。そうした事態への緩和措置です。

　確定申告のときに、「**変動所得・臨時所得の平均課税の計算書**」を提出する必要があります。

この本がミリオンセラーとなったら出番ですね！

「夢は大きく」も大いにけっこうですが、ミリオンセラーとまでいかなくても平均課税制度で節税になる場合も。いつもより売上が多くなった年は計算してみるといいですね

「経費で節税」チェック事項

- ☐ 紙でもらったレシートはファイリングしよう
- ☐ ネットショッピングの領収書はデータで保存
- ☐ メールでの請求書・領収書はデータで保存
- ☐ 事業で使うものはモレなく経費に！
- ☐ 自宅オフィスの家賃は家事按分できる
- ☐ 持ち家オフィスの家事按分はプロに相談が無難
- ☐ 家の購入予定がある人、節税はほどほどに！
- ☐ 減価償却を味方につけよう
- ☐ 開業費、忘れずに計上してる？
- ☐ 経費で買い物は、投資なら〇　ムダ遣いは×

大きな額の開業費は
しっかり集計して
繰延資産にするぞ！

税金と申告の質問＆勘違い

源泉徴収って何だっけ？

　源泉徴収とは、給与や報酬を支払う側が、あらかじめ支払う給与や報酬から納めるべき所得税や復興特別所得税を差し引いて納税する制度のこと。会社員の場合は年末にもらう「給与所得の源泉徴収票」で徴収された金額などを確認することができます。

　フリーランスが仕事先から報酬を受け取るとき、この源泉徴収をされている人とそうでない人がいます。源泉徴収される対象は、以下の通り。

・ 原稿料、講演料、デザイン料など
・ 弁護士、公認会計士、司法書士等へ払う報酬
・ 社会保険診療報酬支払基金が支払う診療報酬
・ プロ野球選手、プロサッカー選手、モデル等に支払う報酬
・ 芸能人や芸能プロダクションを営む個人に支払われる報酬
・ 宴会等で接待を行うコンパニオンへ支払われる報酬
・ プロ野球選手の契約金など、役務の提供を約することにより一時に支払う契約金
・ 広告宣伝のための賞金や馬主に支払う競馬の賞金

　業種によって源泉徴収税の計算式は異なりますが、例えば原稿料などの場合は、支払う側が所得税（10％）と復興特別所得税（0.21％）を差し引いて仮に税務署に納めています。その年の所得税は確定申告することで最終的に決まりますから、仮払いした源泉税が多ければ「還付」され、少なければ「納付」することになります。

2章

知らずに損してた!?

所得控除、オトクになるもの こんなにあります！

〜医療費控除、小規模共済、iDeCo、ふるさと納税…〜

iDeCo、小規模企業共済、ふるさと納税…
フリーランスならではの節税をフル活用！
もしものときにも備えます！

リスク&将来にも備える「控除」の鉄則

控除はモレなく申告、
先々のお得もゲット！

　節税の基本は、「経費&控除」のモレをなくすこと、でしたね。

　この章では、小規模フリーランスにオススメの、控除を使った節税を紹介していきます。

　ところで、控除って何でしょうか？

　控除とは、**利益（所得）から差し引ける金額**のこと。差し引くことで所得の金額を少なくし、そこにかかる所得税の額を抑えてくれます。

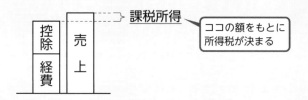

課税所得 ＝ 所得（売上 － 経費）－ 控除

課税所得

控除
経費
売上

ココの額をもとに
所得税が決まる

さらに金額を少なくできるなんて！
控除サイコー♡

　どうしてこんなことをするのでしょう？

　それは、同じ利益を上げていても、養う家族がいたり（**扶養控除**ほか）、配偶者を亡くした or ひとり親家庭だったり（**寡婦・ひとり親控除**）など、事業者の家庭の経済状況に配慮する意味合いがあります。

　ほかにも、医療費がたくさんかかったり（**医療費控除**）、年金保険料をきちんと納めたり（**社会保険料控除**）、国が推奨する制度を使って共済金などを支払ったり（**小規模企業共済等掛金控除**ほか）した場合など、

生活保障への出費に対して考慮した控除もあります。

　みなさんご存じの「ふるさと納税」は、国や自治体への寄付（**寄付金控除の一部**）に対するご褒美のようなものです。

　こうした控除の対象となるものの中には、リスク管理や将来への備えになるものもあります。

　たとえば、国民年金に上乗せする**国民年金基金**や**付加年金**、個人事業主の年金に当たる **iDeCo**（**個人型確定拠出年金**）の掛金は全額控除となり、課税所得を減らして節税しながら将来に備えることができます。

　また、個人事業主の退職金に相当する**小規模企業共済**は、積み立てた額に応じて借入をすることもでき、運転資金が足りないなどの、もしものときのリスク対策にもなります。

　その他、「自分は対象外だろうな」と思っている人が多い控除、「これも控除の対象だったの？」という忘れがちな意外な控除などもご紹介していきますよ。

ぜったいやるべき！ 控除で節税ベスト６

- 確定申告での記入モレをチェック（P.56〜）

- 医療費控除の対象は意外と多い！（P.60〜）

- 国民年金基金 or 付加年金は忘れずに（P.64〜）

- フリーランスの退職金、小規模企業共済（P.68〜）

- iDeCo は、自分で選ぶ年金（P.72〜）

- ふるさと納税で楽しみながら節税（P.76〜）

確定申告は「控除の記入モレ」に注意！

◆ 忘れてませんか？　コレも控除になりますよ！

　節税以前に、意外と多い「税金のもったいない！」は、確定申告書での**控除欄の記入モレや間違い**。ケアレスミスで書き忘れた、金額を間違えた、などのほか、「え、コレも控除になるの？」というものも。

　たとえば、扶養控除は一緒に暮らして扶養している家族だけが対象というわけではありません。毎月親に仕送りをしているなど、一定の要件を満たせば**独身1人暮らしで父母と別居の場合でも扶養控除を受けられます**（P.80に詳細）。

　自分に当てはまる控除をすべて申告しているか、チェックしましょう。

◆ 控除の証明書、各種領収書はきっちり保存！

　毎年10月以降に控除関係の証明書などが届きます。また、寄付をしたとき、医療費を支払ったときの領収書などもファイリングして保存を。

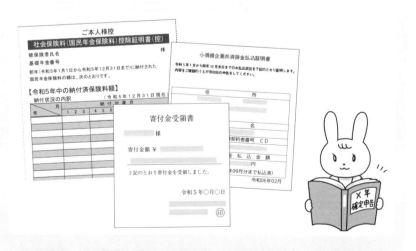

社会保険料・小規模企業共済等掛金・生命保険料などの控除証明書、
寄付金等の領収書などは、わかりやすくファイリング！

確定申告内容確認表　第一表

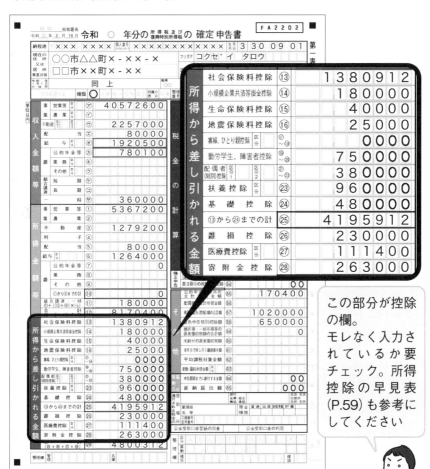

この部分が控除の欄。
モレなく入力されているか要チェック。所得控除の早見表（P.59）も参考にしてください

記入モレや、金額の間違いで損をしないように！
私はたまにやらかします…

教えて！　中野センセイ

Q. 控除になるもの全部おしえて！

きちんと申告すればお得な控除。でも、知らないと申告モレがけっこうありそうです。私は申告モレとか金額のミスとか、けっこうやらかしてます……。

単純なミスだけじゃなく、知らずに申告モレしていることも。意外と多いのが扶養控除のモレ。親に仕送りをしていても、「年金もらっているから……」と申告していない人がいますが、年金収入が158万円以下（65歳未満なら108万円以下）の場合は、**年金生活者でも扶養控除の対象**になります。また、遺族年金は非課税所得なのでいくらもらっていたとしても無収入の扱いです。その他、扶養控除については P.80 も参考にしてください。

右の早見表には、ふるさと納税や住宅ローン減税がないような……

ふるさと納税は「寄付金控除」の一部（P.76）、住宅ローン控除の正式名称は「住宅借入金等特別控除」（P.81）といいます。所得控除は、税金のもととなる所得金額から引かれますが、ふるさと納税の住民税分や、住宅ローン控除は「税額控除」といって、控除額をそのまま税額から引ける、超お得な控除です。くれぐれも申告をお忘れなく！

◆「受けられるのはコレ！」 所得控除の早見表

控除の種類	控除を受けられる場合	所得から引ける額
●雑損控除	災害、盗難、横領などによって損害を受けた場合	①か②の多いほう ①損失額－総所得額×10％ ②災害関連支出額－5万円
●医療費控除	本人や配偶者、扶養親族のための医療費を支払った場合	①か②の多いほう（上限200万円） ①医療費－保険金－10万円 ②医療費－保険金－合計所得×5％
●社会保険料控除	国民健康保険料、国民年金、厚生年金などを支払った場合	支払った保険料の全額
●小規模企業共済等掛金控除	小規模企業共済、iDeCo等の掛金を支払った場合	支払った掛金の全額
●生命保険料控除	生命保険料、介護保険料、個人年金保険料を支払った場合	上限10万円 （2011年末までに保険を締結した場合） 上限12万円 （2012年以降に保険を締結した場合）
●地震保険料控除	地震保険料を支払った場合	上限5万円（支払った保険料の額で異なる）
●寄付金控除	国、地方自治体、特定法人などに寄付金を支払った場合	①か②の少ないほう ①特定寄付金額－2,000円 ②総所得額×40％－2,000円
●寡婦・ひとり親控除	ひとり親、または寡婦に当てはまる場合	27～35万円 （所得金額や扶養家族の有無で異なる）
●勤労学生控除	学生で所得が75万円以下、かつ勤労以外の所得が10万円以下の場合	27万円
●障害者控除	本人、配偶者、扶養親族が障害者に当てはまる場合	27万円（特別障害者の場合40万円、同居特別障害者の場合75万円）
●配偶者控除	納税者本人の合計所得が1,000万円以下で、かつ配偶者の合計所得が48万円以下の場合	一般　　　……　13～38万円 70歳以上　……　16～48万円
●配偶者特別控除	納税者本人の合計所得が1,000万円以下で、かつ配偶者の合計所得が48万円超133万円以下の場合	1～38万円 （本人及び配偶者の所得で異なる）
●扶養控除	合計所得が48万円以下の扶養親族がいる場合	16歳以上　　　　　　……　38万円 19歳以上23歳未満　……　63万円 70歳以上・同居　　　……　58万円 70歳以上・同居以外　……　48万円
●基礎控除	所得が2,500万円以下の場合	16～48万円

＊その他、所得控除以外の控除
住宅借入金等特別控除（→ P.81）、セルフメディケーション税制（→ P.62）、青色申告特別控除、青色事業専従者給与控除など

交通費・市販薬・レーシック…も医療費控除に

◆ 病気の治療に使ったお金 ＝「医療費控除」の対象

　節約しにくいお金といえば医療費ですが、1年間に支払った医療費のうち **10万円（または所得金額の5％）を超えた分**は所得金額から引くことができます。自分だけではなく、一緒に生活している家族全員の医療費を合計できます。病院の診療代や処方される治療薬のほかに、入院や通院のための交通費も含まれます。

　また、あん摩マッサージ指圧師、柔道整復師、はり師、きゅう師など**国家資格をもつ人による施術**も治療目的であれば医療費になります。

　さらに、ドラッグストアなどで購入した風邪薬、目薬、下痢止め、湿布薬なども、症状の改善など治療を目的としたものは**医師の処方箋がない市販薬でも医療費になります。**

◆ 意外と知らない医療費になるもの

　どこか具合の悪いところがあって、治療（＝症状改善）のために使った物であれば、**医薬品のビタミン剤や栄養ドリンクも**医療費の対象になります。

　ほかにも、**禁煙治療、レーシック手術、ED治療、歯列矯正**（美容目的は不可）なども、医療費控除の対象。「これは医療費になるのかな？」と迷ったら、国税庁のサイトや税務署で確認してみてください。

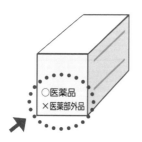

○医薬品
×医薬部外品

ビタミン剤や栄養ドリンクはパッケージに「医薬品」と表示のあるものが対象ですよ

◆市販薬で医療費になる or ならないもの

○ 医療費になるもの

風邪薬、目薬、湿布薬など治療のために購入した市販薬。また、症状改善のために飲んだビタミン剤や栄養ドリンクで「医薬品」と表示のあるものなど

× 医療費にならないもの

病気予防のための健康食品や栄養ドリンク剤、マスクなど

◆その他、医療費になる or ならないもの

○ 医療費になるもの

国家資格をもつ人によるマッサージ・鍼灸などの施術費、レーシック手術、禁煙治療、ED治療、子どもの歯列矯正（治療目的なら大人もOK）など

× 医療費にならないもの

予防接種、美容整形、近視・遠視矯正のためのコンタクトレンズや眼鏡、補聴器、医師への謝礼など

⇒ おおよその基準は、 目的が「治療」なら○、「予防」は×

> レーシック手術は OK だけど、コンタクトはダメなのね

教えて！　中野センセイ

Q. セルフメディケーション税制と医療費控除、どっちがお得？

　家族がいると医療費ってばかになりません。子どもの医療費も自治体によって無料じゃないところもあるし、高校卒業したら無料じゃないし。ウチも大学生2人分のニキビ治療とか、私のぎっくり腰の鍼灸院通いやらで、年間にすると10万円超えることも多いので助かります！

　医療費控除は家族全員の合算ができますからね。10万円、もしくは所得金額の5％を超えた分が控除できますから、**所得が200万円以下の場合は10万円より少ない額**で申告できますよ。その他、風邪や腹痛などで医師にかからずに市販の医薬品で治療した場合も医療費の対象です。

　そういえば、ドラッグストアで見かけたんですが、セルフメディケーション税制とやらの対象になる薬もあるんですよね？

　セルフメディケーション税制は医療費控除の特例。マークがついている医薬品を1万2千円を超えて購入した分が対象になります。ただし、**上限は8万8千円までで医療費控除とは併用不可**。医療費が多いときは医療費控除を使い、そうでない場合にセルフメディケーション税制を検討という感じでしょうか。

　ふむふむ。いずれにせよ、ドラッグストアでは医薬品のマークもチェックして、レシートも保管しておきます！

◆「これも医療費になりますよ！」医療費控除対象一覧

医療費になるもの	補足・注意点
診療費・入院費・薬代	保険診療のみ
治療のための市販薬	治療目的のもののみ
治療のためのビタミン剤・栄養ドリンク	医薬品のみ。医薬部外品は×
レーシック手術	
医療機関までの交通費	
歯列矯正	美容目的は不可
鍼灸	医師の同意書が必要
あん摩・マッサージ	国家資格保有者による施術のみ
禁煙治療	
不妊治療	
ED治療	

◆ セルフメディケーション税制の対象医薬品

 このマークがついている商品は
セルフメディケーション税制対象医薬品

対象医薬品購入費 － 12,000 円 ＝ 控除額 　※上限は 88,000 円

国民年金、基金 or 付加年金で、節税と安心を

◆ ところで…国民年金、払ってますよね？

　そもそも国民年金への加入は国民の義務。でも、「義務だから」というよりも、とてもオトクな制度なので、もしも、支払いをしていない人がいたら、今すぐ納付することをオススメします。国民年金保険料は**全額が所得控除**。自分の分だけでなく、大学生の子どもや年金暮らしの両親など、**家族の分を支払った場合は、その分も合わせて控除**できます。

　受給年齢になったら生涯もらえる「**老齢基礎年金**」のほか、障害を負ったときに支給される「**障害基礎年金**」、死亡したとき家族に支給される「**遺族基礎年金**」という大きな保障までついて、かつ節税にもなるお得な保険。民間の個人年金でここまで好条件なものはありません。

◆ 上乗せした分も全額が控除、国民年金基金

　フリーランスは会社員に比べると厚生年金に当たる部分がないので年金がとても少ない。これを解消するためにできたのが国民年金基金です。こちらも国民年金と同じく、全額控除。掛金も自由に決められますが、上限があり、**iDeCoと合わせて68,000円**です（P.72～参照）。

　ただし、年金ですから受け取れるのは65歳（または60歳）以降。さらに、物価の上昇に合わせて支給額が増える「物価スライド」ではないので、受給時にインフレになった場合のリスクもあります。iDeCoと合わせてどちらにどれだけ掛けるか検討しましょう。

◆ 迷ったら、月額400円で始められる付加年金も

　国民年金保険料に付加保険料（月額400円）をプラスして納付すると、老齢基礎年金に付加年金が上乗せされます。もちろん全額控除。**これで年金額は200円×付加保険料納付月数が一生涯プラスに**。ただし、物価スライドはなく、国民年金基金との併用はできません。

◆国民年金は全額所得控除

確定申告では**「社会保険料控除」に記入**を忘れずに！

> 国民年金保険料は、収入が少ない年など、支払いが難しい場合は「保険料免除・納付猶予」（P.66〜）などを活用できますよ

◆さらにプラスするなら…国民年金基金

メリット	デメリット
1. **節税**になる	1. **受給年齢**まで引き出せない
2. 銀行預金より**高利率**	2. **インフレになったら損**をする場合も
3. **終身年金**	

※掛金の上限は、**iDeCo と合わせて 68,000 円**

◆気軽に始めるなら、付加年金も

月額 400 円を年金保険料に追加
増える年金額は 200 円×付加保険料納付月数

10 年納付すると…

合計 48,000 円納付で、**24,000 円（年額） 一生涯プラスに！**

> 2年もらえば元が取れるので、私は、付加年金にしてます！

教えて！ 中野センセイ

Q. 年金を払えないときは？ お得な払い方って？

年金っていうと、「将来もらえるかわからないから払わない」って意見をたまに聞きますよね。実際どうなんでしょう？

究極を言えば未来のことは誰にもわかりませんけど、全額が所得控除になって、「老齢基礎年金」以外に「障害基礎年金」と「遺族基礎年金」という、何かあったときの保障もある手厚い保険。入っておいて損はないでしょうね。それ以前に国民の義務でもあるんですけど。

たしかに将来お金がもらえて今の税金も安くなるのは魅力的なんですが、納めるのってけっこうな額。収入が不安定なフリーランスには、現実問題として苦しい年もありそうです。

そういうときは、**保険料免除・納付猶予制度**もありますよ。前年所得が一定額以下の場合や失業した場合など、国民年金保険料を納めることが経済的に困難な場合は、申請をして承認されれば納付が免除・猶予されます。保険料を全額免除された期間は、保険料を納めたときに比べて2分の1（平成21年3月までの免除期間は3分の1）の支給額になります。納付猶予になった期間は年金額には反映されませんが、保険料免除・納付猶予ともに、その期間中にケガや病気で障害や死亡といった不測の事態が発生した場合でも、**障害年金や遺族年金を受け取れます**。手続きをせず未納となった場合は受け取れません。

納めてなくても免除なら半額がもらえるとは！　そして、免除でも猶予でもその期間中の保障もつく！　これは申請しないと損ですね。

 ですね。とはいえ、やはり免除や猶予となると将来受け取る額が少なくなりますので、収入に余裕ができたときは、追納制度の利用がオススメです。**追納した分も全額所得控除になって節税**できます。きちんと申請していれば、追納は 10 年以内なら可能。ただし、3 年度目以降に保険料を追納する場合は、承認を受けた当時の保険料額に**経過期間に応じた加算額が上乗せ**されます。加算額が発生しないうちに追納できるとお得ですね。

 なるほど。他にもお得情報ってありますか？

 年金保険料は何もしなければ翌月末に納付ですが、口座振替を使うと割引され、さらに早く納めれば納めるほどお得になります。

 2 年前納で口座振替だと、16,100 円のお得！　お金に余裕があるときならいけるかしらん。みなさんも、手元のお金と相談しながら、無理なく活用してみてください。

国民年金保険料の早割・前納割引額

	割引額		備考
	口座振替	現金納付・クレカ納付	
通常の納付（翌月末振替・納付）	0 円	0 円	
早割（当月末振替）	50 円	－	口座振替のみで現金納付はありません
6 か月前納	1,130 円	810 円	口座振替は現金納付より 320 円お得
1 年前納	4,150 円	3,520 円	口座振替は現金納付より 630 円お得
2 年前納	16,100 円	14,830 円	口座振替は現金納付より 1,270 円お得

フリーランスの退職金、小規模企業共済

◆ 国が公認する、フリーランスの退職金制度

　国の機関である中小機構が運営する小規模企業共済制度は、個人事業主などのための、積み立てによる退職金制度です。現在、全国で約159万人が加入。**掛金は全額を所得控除**できます。節税しながら、お得な利率で将来の資産を増やせる、国のお墨付きの制度です。

◆ 掛金は増減可能。前納減額金もあり

　月々の掛金は**1,000〜70,000円**まで**500円単位で自由に設定**が可能。加入後も増額・減額できます。また、前納をすると一定割合の前納減額金を受け取ることができます。

◆ 共済金の受取りは一括・分割どちらも可能

　共済金は、退職・廃業時、また65歳以上で180か月納付した場合に受け取れます。受け取り方は「一括」「分割」「一括と分割の併用」が可能。一括受取りの場合は退職所得扱いに、分割受取りの場合は、公的年金等の雑所得扱いとなり、どちらも**税制メリットがあります**。

◆ もしものときの貸付も

　掛金の範囲内で事業資金の貸付制度も使えます。金利はかかりますが比較的低く、即日貸付も可能。もしものときの安心材料になります。

いつまで働くか、家族に残すか、生涯現役でも受け取りたいかなどによって、共済金AかBが選べます

私は共済金Bにしてます！

◆ 小規模企業共済のメリット＆デメリット

メリット

1. 掛金は加入後も増減可能、**全額が所得控除**

2. 共済金の受取り方法が選べて**税法上も優遇**

3. **低金利の貸付制度**を利用できる

デメリット

1. 受け取るのは原則 **65 歳以上** or **廃業時** or **死亡時**

2. 任意解約すると受け取り額が**納付額を下回る**ことがある

◆ 受け取れる共済金の種類は…

共済金等の種類	請求事由
共済金 A	個人事業を廃業した場合^(※) 共済契約者の方が亡くなられた場合
共済金 B	老齢給付（65 歳以上で 180 か月以上掛金を払い込んだ場合）

※複数の事業を営んでいる場合は、すべての事業を廃止したことが条件

◆ 掛金月額 1 万円で加入した場合…

掛金納付年数	5 年 （掛金合計額：600,000 円）
共済金 A	621,400 円
共済金 B	614,600 円

掛金納付年数	10 年 （掛金合計額：1,200,000 円）
共済金 A	1,290,600 円
共済金 B	1,260,800 円

掛金納付年数	15 年 （掛金合計額：1,800,000 円）
共済金 A	2,011,000 円
共済金 B	1,940,400 円

掛金納付年数	20 年 （掛金合計額：2,400,000 円）
共済金 A	2,786,400 円
共済金 B	2,658,800 円

※共済金 A・B の他に、法人成りした場合の準共済金、解約した場合の解約手当金があります。詳しくは、中小機構サイト内の「小規模企業共済」を確認してください

教えて！ 中野センセイ

Q. 税理士はみんな入ってる、小規模企業共済のメリットって？

先日、フリーランス仲間に声をかけて座談会をしたのですが、なんと小規模企業共済を知らない人が半分もいてびっくり！ ……なんて言いつつ私が加入したのもここ数年の話ですけど。お得なのに知らない制度の筆頭かもしれません。

情報って大事です。知っていれば、1,000円からでも始められますが、やらなければ0のままですからね。「チリも積もれば山となる」です。有利な利率で運用できますから銀行に置いておくよりずっとお得。私の知る限りでは、**開業している税理士は全員加入**してますね。

私が加入したのは、アラフィフ。15年以上払えば65歳から受け取れる共済金Bにしました。月額1万円でも140,400円も増えて200万円弱。老後資金の運用と思えば、ほぼ無利息の銀行に置いておくよりいいし、なにより天引きだからムダ遣いできなくて、意志が弱くてもできる♪

共済金Aは、「廃業するまで納めるつもり」「家族に残したい」という人向けで、もっと増える率も上がりますね。受け取るときも、退職金や公的年金と同様の税法上の優遇があります。
さらに、貸付制度があるのも、小規模企業共済のメリット。いくつか種類もあり、**一般貸付制度は利率が年1.5%**。民間のローンよりもずっと低い。借りずに済むに越したことはありませんが、売上に波がある

フリーランスには、リスク対策としてもいいですね。

 ここまでいいこと尽くしですけど、デメリットもありますよね？

 退職金がわりの制度ですから、受け取る時期は基本的には**廃業・死亡したとき、または65歳以上に限定**されていることです。解約もできますが、通常の給付額よりも若干金額が減ります。掛金納付月数が、240か月（20年）未満で任意解約をした場合は、掛金合計額を下回ります（※共済金Bの請求事由を満たしている場合は下回りません）。また、デメリットというほどではありませんが、公的な機関ですから、よくも悪くも中道です。預金しておくよりは利率はいいですが、株や投資信託などのように、さらに大きく利殖したいという人には物足りないかもしれません。人によっては、貸付制度で利用したい金額に達したところで掛金を減らして、その分は他で運用している人もいます。そのときの状況に合わせて賢く使えるといいですね。

 ふむふむ。いろんなスタンスがありますね。手続きが面倒そうって声も聞きますが、意外とすんなりできたような記憶……。

 確定申告の控え、または開業初年の人なら開業届を持って、金融機関の窓口にいけば、すぐに手続きできます。
その他、掛金の払い込みが難しくなったときなどは減額することができます。また、被災したり病気になったりして納付が難しくなったときは、半年または1年の間、掛金の払込みを止めることもできますし、事業が拡大して法人になった場合も受け取ることができます。
他にも、いろいろなケースについてのQ&Aも掲載されていますので、詳しくは、中小機構のサイトで確認してみてください。

自分で選ぶ、フリーランスの年金 iDeCo

◆ フリーランスの年金、資産を増やしながら節税する

iDeCo（個人型確定拠出年金）は自分で掛金と金融商品を決めて資産を形成する年金制度。20歳以上65歳未満の人が加入できます。60歳から老齢給付金を受け取ることができますが、受け取らずに65歳になるまで続けることも可能。**掛金全額が所得控除の対象**で、上限は国民年金基金（or 付加年金）と合わせて 68,000 円です。

◆ 運用中&受け取るときに大きな税制メリット

通常、金融商品を運用すると運用益に課税されますが、「iDeCo」は**非課税**でお得に運用できます。また、受け取るときは年金か一時金か受取方法の選択もできます（金融機関によっては、年金と一時金を併用することも OK）。年金として受け取る場合は**公的年金等控除**、一時金の場合は**退職所得控除**の対象で税金も優遇されます。

◆ 元本割れのリスクを理解&手数料もチェック

金融商品によっては元本割れするリスクもあります。定期預金や保険商品など元本が確保されているものもありますが、その場合も手数料が利息を上回ることも。また、iDeCo は口座を開設する**金融機関も自分で選ぶ**ことが必要。①金融商品の種類、②金融機関のサービス、③手数料の3つのポイントを吟味して選びましょう。

ネット系の金融機関など、手数料などが0円のところもあります

私もネット系証券会社です！

◆ iDeCo のメリット＆デメリット

メリット	デメリット
1. 掛金が**全額所得控除**！	1. **60歳**まで引き出し不可
2. **運用益も非課税**	2. **元本割れ**することがある
3. 受け取り時も**大きな控除**	

＊掛金の上限は、**国民年金基金（or 付加年金）**と合わせて **68,000円**

◆運用商品を選ぶポイント

元本確保商品

定期預金や保険商品など（原則として元本が確保されているが、利息額を手数料が上回る場合も）

投資信託

① **パッシブ型**………市場平均（日経平均株価など）と同じ動きを目指す運用
（**インデックス型**）　方法。専門家の手間が少なく手数料（信託報酬）が低く
　　　　　　　　　　抑えられている投資信託など

② **アクティブ型**……市場平均（日経平均株価など）を上回る収益を目指すが、
　　　　　　　　　　市場平均を上回る収益が約束されているわけではない

＊ビギナーは、**信託報酬が低い商品**を選ぶのがオススメ

◆ビギナー向け金融機関選びのポイント

口座管理料・手数料が低いところが目安

↳ **ネット系**など窓口がない人的コストの低い金融機関がオススメ

教えて！ 中野センセイ

Q. iDeCoの金融商品、 どれを選べばいいのやら…

iDeCoやってますよ、私も。始めるまでは、投資とか全然知らないし、損するのは怖いし、調べて、考えて、決めなきゃいけないことが多くて億劫だったので、この質問、めちゃめちゃ共感できます。

昔は資産形成といえば定期預金が普通でしたけど、今はリスクを取りながら運用するのが標準になりつつある時代ですよね。国も後押ししているので、iDeCoのように税制メリットの大きなものは上手に利用したいところです。iDeCoで選べる金融商品は数ある投資信託のなかから、それなりに選別されていますし種類もあるので、好みに合ったものを選ぶことができるでしょう。

一般的に、堅実にいきたいビギナーさんにアドバイスするのは、**パッシブ型（インデックス型）の商品で信託報酬の％が低いものを選ぶこと。金融機関はネット系がオススメ**、口座管理料や手数料が安い傾向にあります。始めてしまえば、長期投資が基本ですから、放っておいてOK。もちろん、様子をみながら、掛金を替えたり商品を入れ替えたりすることもできます。

どのくらい増えているか、ネット上の画面ですぐ確認できるので、ついつい見ちゃいます。いくつか途中で入れ替えもしましたが、簡単にできましたよ。私は無難に国内外のインデックス型商品をバランスよくいくつか。中野センセイは、どんな感じですか？

僕は、ブラジル株投信に全額ぶち込んでます。ふっ（ニヤリ）。

……えーと、投資ビギナーの私でも不穏な気配を感じますよ。それって、けっこう攻めてますよね？　ビギナーへのアドバイスと全然違うな。

ふっふっふっ、狙ったところに張っていきますよ。毎年の運用報告書の通知を開けるときのスリリングなことといったら……（恍惚）。

ギャンブラーな顔になってますよ、中野さん。税理士さんって堅実なイメージあったけど、お金のプロだけに意外とアグレッシブ。

もちろん、元本確保型の商品が安心、という人はそれでいいと思います。ウチの事務所でも iDeCo は定期預金に全額入れている税理士もいます。

国民年金基金や付加年金と合わせて検討しながら、上限の 68,000 円をどう使うかは、人それぞれ。守りの姿勢は手堅いかもしれないし、リスクを取らないのがリスクになるかもしれない。正解はわかりません。大事なのは、攻めるにせよ守るにせよ、情報のアンテナを張って、自分なりに考えること。iDeCo は節税という意味だけでなく、判断や決断をしていく経営者マインドを磨くという意味でも、やって損はないと思いますね。少しずつでも日々、勉強です。

たしかに。私も始めるまでは億劫でしたが、一歩踏み出したら、お金のことも社会のことも、以前よりも興味を持って知るようになりました。自分への投資という意味でも、iDeCo はオススメかも！

2章　所得控除、オトクになるものこんなにあります！

ふるさと納税で楽しみながら節税する

◆ ふるさと納税って何？

　ふるさと納税とは、**生まれた故郷や応援したい自治体に寄付ができる制度**。手続きをすると、所得税の還付、住民税の控除が受けられます。

◆ 「税額控除」＋3割相当の返礼品がお得の理由

　ふるさと納税が人気な理由は、返礼品が豊富でお得なこと。その地域の名産品などを寄付をした金額の3割以下の範囲で受け取ることができます。

　さらに、ふるさと納税は住民税分も控除があり、しかも税額からそのまま引かれる**「税額控除」なので節税効果が大きい**のも人気の理由。寄付額のうち2,000円を超える部分について、所得税と住民税から原則として全額が控除されます（一定の上限あり）。たとえば、年収300万円の独身フリーランスで扶養家族がいない場合、30,000円のふるさと納税を行うと、2,000円を超える部分である28,000円（30,000円 − 2,000円）が所得税と住民税から控除されます。

　結果、返礼品と控除額を合わせると**リターンが寄付額を上回る**のでお得というわけです。

◆ 上限を超えるとお得にはならないので注意

　年収が少なかったり、扶養家族が多かったり、iDeCoや小規模企業共済を満額掛けていたりして、控除額を使い切っている場合は、ふるさと納税を利用すると損することも。ふるさと納税のサイト上にある控除上限額シミュレーションなどで確認しましょう。

収入が多い年はふるさと納税で楽しみながら節税もオススメです！

ぼちぼち稼ぎなので…ふるさと納税までできるよう、がんばるぞ

◆ふるさと納税って？

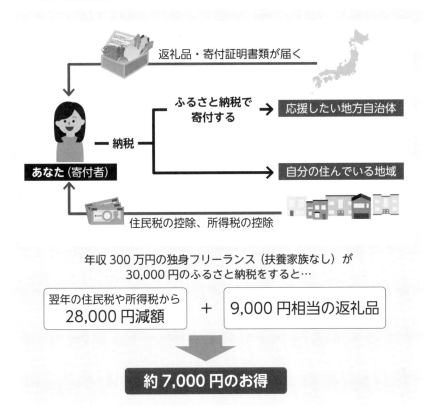

返礼品・寄付証明書類が届く

あなた（寄付者） — 納税 — ふるさと納税で寄付する → 応援したい地方自治体

→ 自分の住んでいる地域

住民税の控除、所得税の控除

年収300万円の独身フリーランス（扶養家族なし）が
30,000円のふるさと納税をすると…

翌年の住民税や所得税から
28,000円減額
＋
9,000円相当の返礼品

↓

約7,000円のお得

◆控除上限額シミュレーションを活用する

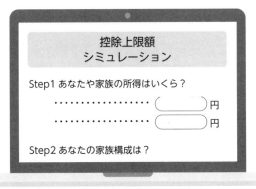

控除上限額
シミュレーション

Step1 あなたや家族の所得はいくら？
・・・・・・・・・・・・・・・・・（　　　　）円
・・・・・・・・・・・・・・・・・（　　　　）円

Step2 あなたの家族構成は？

Q. ふるさと納税が向いている人、向かない人

ふるさと納税、未経験です。ホタテ、サクランボ、お米にビールまで！　こんなネットショッピングみたいな節税があるんですね～。

もともとは、大都市に集中する税収の格差を是正するための制度です。地方で生まれその自治体から医療や教育など様々な住民サービスを受けて育った人々が進学や就職を機に生活の場を都会に移し都市で納税を行います。その一方で、生まれ育った故郷の自治体には税収が入りません。そこで、「都会に住んでいても、ふるさとに納税できる制度があれば」ということで生まれたのがふるさと納税です。納税とネーミングされてますが、正確には寄付になります。

なるほど。だから寄付の返礼品が全国津々浦々の名産品なのか。

 出身の地元に限定せず、日々の生活と関わりがある自治体や、応援したい自治体など、寄付する先は自由に決められます。僕は旅行先でお世話になった自治体の名産や、応援したい産業がある自治体のものを選んでます。返礼品が食卓に上れば、家族との旅の思い出話が弾みますし、地方への視野も広がります。冷凍品もありますが、季節を感じられるものもオススメですよ。それから、ランキングやレビューは参考になります。複数の寄付先がある人は、冷蔵庫がいっぱいにならないようにするのも大事かも。

ふむふむ、旬のものは毎年旅行でお世話になってるところのフルーツにして、冷蔵庫に入れなくても保存できるクラフトビールもいいな。あとは、何にしようかなぁ〜っと♪

あ、まずは、寄付金額の目安を確認してくださいね。金額を超えて寄付すると控除の恩恵はなく、普通に寄付して出費したことになりますよ。まぁ、もともとの寄付は返礼を期待してするもんじゃないのでそれもありですが。

はいはい、ふるさと納税サイトにある「控除上限額シミュレーション」ってやつですね。今年度の所得と他の控除金額なんかを入れて……っと。えーと、「今年度の寄付金額の目安は0円となります」って出てますけど、これは、いったい……？

ああ、中山さんのように、大学生のお子さんが二人いて、ひとり親家庭で、iDeCoや小規模企業共済もがっつりやってる、ぽちぽち稼ぎの……失礼、しっかり節税されてるフリーランスさんだと、控除の枠を使い切ってることも多いですね。逆に、**年金などの将来へ向けた節税をしていない人には、今を楽しむ節税のふるさと納税がオススメ**ですね。

……えっと、つまり、私は、ふるさと納税は？

できませんね。

の〜ん！　ふるさと納税に向かない人って私のことか。ふるさと納税は遠くにありて思うもの……。息子たちが独立して、この本が売れてガッツリ稼いだ暁には、再チャレンジするぞ！

まだまだ！ こんな控除もありますよ

◆ 扶養控除の対象は意外と多い

扶養控除の対象になる家族・親族の条件は、①**配偶者以外の親族**、②納税者と**生計を一にしている**、③年間の**合計所得金額が 48 万円以下**、④**青色（白色）申告の事業専従者ではない**、の４つ。必ずしも同居している必要はありません。生活費、学資金又は療養費などを常に送金しているときは、「生計を一にしている」と見なされます。

家族・親族の範囲は、6 親等以内の血族、もしくは 3 親等以内の姻族、かなり広いですね。

控除額は、扶養親族の年齢、同居か別居かによって異なります。

対象になる家族	控除額
一般の控除対象扶養親族（16 歳以上）	38 万円
特定扶養親族（19 歳以上 23 歳未満）	63 万円
老人扶養親族（70 歳以上で同居していない）※	48 万円
老人扶養親族（70 歳以上で同居している）※	58 万円

※病気治療の入院なら同居、老人ホーム等への入所は別居

大学生は特定扶養親族、控除の額も大きくて助かってます！

◆ 配偶者特別控除・配偶者控除

　配偶者特別控除と配偶者控除の対象となる条件は、ともに、①控除を受ける**納税者本人の所得合計額が 1,000 万円以下**、②**民法上の配偶者**、③**生計を一にしている**、④**青色（白色）申告の事業専従者ではないこと。**

　配偶者特別控除と配偶者控除の大きな違いは、対象となる配偶者の所得金額です。

　配偶者特別控除は、配偶者の年間の合計所得金額が **48 万円超 133 万円以下**の場合。一方、配偶者控除が適用されるのは、配偶者の所得が **48 万円以下**の場合です。

　こうした適用条件や控除の額は、時世に合わせて見直しが行われます。

> 青色（白色）申告の事業専従者で給料を経費にしている場合は、配偶者控除・配偶者特別控除は使えませんので注意してください

◆ 住宅借入金等特別控除は初年が大事！

　一般に住宅ローン減税（控除）といわれているのがこちら。住宅ローンを借り入れて住宅の新築・取得又は増改築等をした場合、**年末のローン残高の 0.7％を所得税（一部、翌年の住民税）から最大 13 年間控除**する制度です。住宅ローン控除を受けられる住宅や条件は決まっていますので、住宅購入と合わせて必ず確認しましょう。

　詳細は国税庁のサイトにもありますので、ここでは注意点を。個人事業主の場合、住宅ローン控除の申告を忘れてしまうと申告期限を過ぎた後の「更正の請求」をすることができません。**必ず、控除を受ける 1 年目の確定申告で手続きする**ことを忘れないようにしてください。控除額が大きいので、申告モレにはくれぐれも気をつけて！

◆ 民間の保険

　平成24年以降に締結した保険契約では、**生命保険料控除、個人年金保険料控除、介護医療保険料控除で、合計12万円（それぞれ最大4万円）までの控除**が受けられます。生命保険料控除は、掛金が年間8万円のとき、控除額が最高の4万円になります。ですから、節税効果を最大に狙って生命保険を掛ける場合は、3つの保険がそれぞれ年間8万円になるようにするとよい、ということになります。

◆ 地震保険料控除

　住宅を購入するときに加入した地震保険料も控除の対象となります。地震保険は単独で加入することができず火災保険とセットで契約しますが、控除の対象となるのは地震保険料のみ（火災保険料は対象外）。賃貸の場合は契約の際に火災保険の加入を求められますが、その内容は「家財保険」と「借家人賠償責任保険」。この補償に加え、地震保険の付いている家財保険に加入した場合も控除が受けられます。ただし、地震保険という名前がついていても対象外のものもあります。新たに地震保険に入る場合は、**控除の対象になるかどうか確認**しましょう。地震保険料控除は最高5万円。加入しているかチェック＆申告を忘れずに！

◆ 雑損控除

　災害または盗難もしくは横領によって、生活上の資産に損害を受けた場合、「雑損控除」を受けられます（事業用の資産に被害があった場合は、事業の損失として計上）。災害には害虫被害も含まれます（シロアリやネズミ等による被害の修復や退治の費用など）。

　控除の額は、次の①と②のうちいずれか多い方の金額です。

　①　損失額　－　所得金額　×　10％

　②　災害関連支出　－　5万円

なお、詐欺や恐喝の場合には、雑損控除は受けられません。

「控除で節税」チェック事項

- ☐ 確定申告の控除の欄に申告モレがないかよく確認を

- ☐ 「医療費」になるものは意外と多い。モレに注意！

- ☐ 国民年金は保障が厚い。民間の保険の前に必ず加入

- ☐ 税理士はみんなやってる小規模企業共済も要検討！

- ☐ 節税しながら老後の資産形成するiDeCoは要チェック

- ☐ 将来より今を楽しむなら、ふるさと納税

- ☐ 別居の親も扶養控除の対象。条件をチェック

- ☐ 住宅ローン控除、1年目の確定申告で忘れずに！

- ☐ 地震保険は火災保険の契約をチェックせよ

- ☐ 害虫被害や盗難、横領は、雑損控除が受けられる！

扶養控除、社会保険料控除、医療費控除…、家族分のモレも注意しよう

税金が戻る？　還付って何？

　還付とは、払いすぎた税金が返ってくること。

　源泉徴収（P.52）によって、あらかじめ報酬から所得税を引かれ
ている場合、正しい所得金額を計算し、所得控除などを申告（確定申
告）することで、初めて正しい納税額がわかります。このとき、税金
を納め過ぎていることがわかれば、その分が返還されるのです。こう
した申告を「還付申告」といいます。

　また、**予定納税**を行い、その年の確定申告をしなくてもよくなっ
た場合でも、税金を納め過ぎている場合は還付を受けることができま
す。

　予定納税とは、前年の所得金額や税額などをもとに計算した金額（予
定納税基準額）が15万円以上の場合に、その年の所得税の一部をあ
らかじめ納税する制度。年に2回に分けて行われ、第1期は7月1
日から7月31日までに、第2期は11月1日から11月30日までに、
それぞれ予定納税基準額の3分の1の金額を納付します。予定納税
額は同年6月15日までに所轄税務署から書面で通知されます。

　確定申告の申告期間は原則として課税年度の翌年2月16日から3
月15日までですが、**還付申告は課税年度の翌年から5年間、一
年中申告することができます。**

3章

コスパ最強の節税って？

確定申告、**e-Tax**と
青色申告は外せない！

～税理士さんイチオシの 65 万円控除ほか特典～

節税ランキング 1 位の青色申告と
2 位の e-Tax（電子申告）で、
65 万円控除をゲット！

IT 時代の節税は e-Tax で青色申告！

フリーランスに必要なスキルを
身につけながらオトクをゲット！

フリーランスにとって大切なお金の管理スキル。

専門的にいうと、「会計」というジャンルの仕事になりますが、**節税しながら会計の基本が身につく**オトクなことがあります。それが青色申告です。

フリーランス（個人事業主）になると、確定申告をして自分で所得税などの税金を納めることは、ここまでお話しした通り。

この確定申告には、「白色申告」と「青色申告」の 2 種類があります。

白色申告は、自分がわかるようにお金の出入りを記録しておけば OK。

一方、青色申告は正確な帳簿を作成する義務がありますが、そうすることで、以下のような特典がついてきます。

特典1 青色申告特別控除 65 万円（または、55 万円、10 万円）

特典2 家族を従業員にして支払った給料が全額経費になる

特典3 30 万円未満の固定資産を一括で経費にできる

特典4 3 年間にわたり赤字の繰越ができる

特典5 貸倒引当金を経費にできる

経費になる額や控除額が大きい！

いずれも、**所得を減らして節税になる**ものです。

青色申告の帳簿をつけるには、一定の知識（会計の超基本）が必要で

すが、必ずしも税理士に頼まなければできないものではありません。

　実際、自力で青色申告をしているフリーランスさんはたくさんいます。

　そんなフリーランスさんたちの味方になってくれる心強い存在が青色申告ソフト。**シンプルな機能の無料 or 安価なもの**から、銀行口座と連携して自動で帳簿を作ってくれる**便利なサブスク（年額1万円〜）**などまで数多くあります。あなたのおサイフ具合や好みに合わせて選ぶことができます。

　申告書の提出は、**e-Tax（電子申告）が断然オススメ**です。家にいながら時間を気にせず申告ができ、控除額が10万円アップするなど、税制上のメリットもあります。

　現在、手書きで白色申告をしている人も、青色申告 & e-Tax に切り替えることで、今後のフリーランス人生がもっと拓けていくはずですよ。

青色申告 & e-Tax で節税！　6つのポイント

- まずは、青色申告の届出を出そう（P.90〜）
- 自分に合った会計ソフトを選ぼう（P.94〜）
- 青色申告の特典を活用しよう！（P.98〜）
- 家族に給料を払って節税する（P.102〜）
- 国税庁のサイトから e-Tax がオススメな理由（P.106〜）
- e-Tax に必要な準備をしよう（P.110〜）

3章 確定申告、e-Tax と青色申告は外せない！

	申告（計算）・通知	納付
1月	・**固定(償却)資産**の申告	・**住民税**(前年分)第4期分納付
2月		・**固定(償却)資産税**(前年分)第4期分納付
3月	・**所得税**の確定申告書の提出 **2月16日〜3月15日** ・**消費税**の確定申告書の提出 **2月16日〜3月31日**	・所得税の納付 **15日まで** ・消費税の納付 **31日まで**
4月		・**固定(償却)資産税**第1期分納付
5月		・**自動車税**の納付
6月	・**住民税**の当年分税額通知書が届く	・**住民税**第1期分納付
7月		・**固定(償却)資産税**第2期分納付
8月	・**事業税**の当年分税額通知書が届く	・**住民税**第2期分納付 ・**事業税**第1期分納付
9月		
10月		・**住民税**第3期分納付
11月		・**事業税**第2期分納付
12月	・棚卸資産額の計算 (必要な場合のみ)	・**固定(償却)資産税**第3期分納付

確定申告は
青色申告＆e-Tax
が断然オトク！

納付できるよう準備しとかなきゃ

従業員を雇っている人は、源泉所得税の納付や従業員の年末調整も必要ですよ

住民税	確定申告の内容に基づき自治体によって計算される。 道府県民税（都民税）＋市町村民税（特別区民税）
固定（償却） 資産税	事業に係わりのある固定（償却）資産にかかる（P.40～）
所得税	年間の事業所得にかかる。確定申告の内容によって計算される。 大きな節税となる「青色申告＆e-Tax」を本章で紹介
消費税	本書の読者対象である小規模フリーランスの場合（前々年の課 税売上が1,000万円以下の場合）は免税。インボイス制度に ついてはP.122～を参照
事業税	業種に課せられる。確定申告の内容に基づき自治体によって計 算される。事業所得が290万円以下は免税

東京都の法定業種と税率

区分	税率	事業の種類
第1種事業 （37業種）	5%	物品販売業、保険業、金銭貸付業、物品貸付業、不動産貸付業、製造業、電気供給業、土石採取業、電気通信事業、運送業、運送取扱業、船舶定係場業、倉庫業、駐車場業、請負業、印刷業、出版業、写真業、席貸業、旅館業、料理店業、飲食店業、周旋業、代理業、仲立業、問屋業、両替業、公衆浴場業（むし風呂等）、演劇興行業、遊技場業、遊覧所業、商品取引業、不動産売買業、広告業、興信所業、案内業、冠婚葬祭業
第2種事業 （3業種）	4%	畜産業、水産業、薪炭製造業
第3種事業 （30業種）	5%	医業、歯科医業、薬剤師業、獣医業、弁護士業、司法書士業、行政書士業、公証人業、弁理士業、税理士業、公認会計士業、計理士業、社会保険労務士業、コンサルタント業、設計監督者業、不動産鑑定業、デザイン業、諸芸師匠業、理容業、美容業、クリーニング業、公衆浴場業（銭湯）、歯科衛生士業、歯科技工士業、測量士業、土地家屋調査士業、海事代理士業、印刷製版業
	3%	あんま・マッサージ又は指圧・はり・きゅう・柔道整復その他の医業に類する事業、装蹄師業

※東京都主税局「個人事業税」より
※著述業、助産師業、農業などは個人事業税なし。自治体によって業種を定める観点が異なる場合も

青色申告の手続きをしよう

◆ 必要な書類を提出する

　独立・開業したときに「個人事業の開業・廃業等届出書」を税務署に提出したと思いますが（P.14～）、もし、忘れていた場合は「遅ればせながら」提出しましょう（開業届は青色申告をするために必須の届出）。

　青色申告をするためには、**申告年の 3 月 15 日までに「所得税の青色申告承認申請書」を所管の税務署に提出**することが必要です（年度の途中で開業した場合には、開業から 2 か月以内）。

　税務署へ行くと各種の届出用紙がそろっていて、書き方がわからなければ教えてもらえます。国税庁の Web サイトにも各種の届出用紙がPDF ファイルで揃っているので、家で簡単にダウンロード＆書類を作成することもできます。

青色申告に必須の届出書

☐ 開業届（P.14～）

☐ 所得税の青色申告承認申請書

その他、必要に応じて出す書類

☐ 青色事業専従者給与に関する届出書

☐ 給与支払事務所等の開設届出書

☐ 源泉所得税の納期の特例の承認に関する申請書

> 家族に給料を払う人、従業員を雇う人は届出が多いのね

＊届出用紙のダウンロードは「国税庁」で検索、申告所得税関係に各種書類あります

◆所得税の青色申告承認申請書を提出しよう

税務署受付印 | 1 0 9 0

所得税の青色申告承認申請書

	納 税 地	○住所地・○居所地・○事業所等（該当するものを選択してください。） （〒　－　　　） （TEL　　－　　－　　　）
＿＿＿＿＿＿税務署長	上記以外の 住 所 地 ・ 事 業 所 等	納税地以外に住所地・事業所等がある場合は記載します。 （〒　－　　　） （TEL　　－　　－　　　）
＿＿年＿＿月＿＿日提出	フ リ ガ ナ 氏 名	生年月日　○大正・○昭和・○平成・○令和　　年　月　日生
	職 業	フリガナ 屋 号

令和＿＿＿年分以後の所得税の申告は、青色申告書によりたいので申請します。

1　事業所又は所得の基因となる資産の名称及びその所在地（事業所又は資産の異なるごとに記載します。）

名称＿＿＿＿＿＿＿＿＿＿＿　所在地＿＿＿＿＿＿＿＿＿＿＿＿＿＿＿

名称＿＿＿＿＿＿＿＿＿＿＿　所在地＿＿＿＿＿＿＿＿＿＿＿＿＿＿＿

2　所得の種類（該当する事項を選択してください。）

　○事業所得　・○不動産所得　・○山林所得

3　いままでに青色申告承認の取消しを受けたこと又は取りやめをしたことの有無

(1)　○有（○取消し・○取りやめ）　＿＿年＿＿月＿＿日　　(2)　○無

4　本年1月16日以後新たに業務を開始した場合、その開始した年月日　＿＿＿年＿＿月＿＿日

5　相続による事業承継の有無

(1)　○有　相続開始年月日　＿＿＿年＿＿月＿＿日　被相続人の氏名＿＿＿＿＿＿＿＿＿

6　その他参考事項

(1)　簿記方式（青色申告のための簿記の方法のうち、該当するものを選択してください。）

　　　○複式簿記・○簡易簿記・○その他（　　　　　　　　　　）

(2)　備付帳簿名（青色申告のため備付ける帳簿名を選択してください。）

　　　○現金出納帳・○売掛帳・○買掛帳・○経費帳・○固定資産台帳・○預金出納帳・○手形記入帳
　　　○債権債務記入帳・○総勘定元帳・○仕訳帳・○入金伝票・○出金伝票・○振替伝票・○現金式簡易帳簿・○その他

(3)　その他

> 「簿記方式」は
> 「複式簿記」を選択！

> 簡単仕訳帳を使う人は
> 「仕訳帳」「総勘定元帳」
> 「固定資産台帳」に○

> この他、「開業届」も青色申告をする人は
> 必ず提出してください

Q. 青色申告、すぐにできる？ 一度選んだら白色には戻れない？

青色申告、私は「オトクならやるわ〜♪」と能天気に始めちゃいましたが、慎重派さんからはいろんな声が聞こえてきます。「本当にオトク？」「手間ヒマかかって大変では？」「ぶっちゃけぼちぼち稼ぎには必要ないのでは？」などなど。

たしかに、「フリーランスビギナーさんや小規模フリーランスさんは白色で十分」という考え方もあります。どちらが正解、というわけではないですが、この本を読んでいるような勉強家さんなら、青色申告は断然オススメです。簿記や経理などの経験が少しでもあれば帳簿づけは楽勝ですし、まったくの簿記未経験者でも青色申告ソフトを使って申告している人はたくさんいます。

私は、通常のソフトで「？？？」となった落ちこぼれ組……。でも、「簡単仕訳帳」（P.160）に出合えた後はスムーズにしかもお金をかけずに青色申告できるようになりました。

相性のよいソフトに出合えて何よりです。中山さんでも何とかなってますから、思い立ったらすぐに青色申告の手続きをしておくことです。申告年の 3 月 15 日までに「所得税の青色申告承認申請書」を所管の税務署に提出していないと青色申告はできません。

確定申告の直前、例えば翌年 1 月とかに「よーし今回は青色申告

にするぞ！」と思っても前の年に申請書を提出してないとダメなんですね。ちなみに、提出しちゃってから、「やっぱり自信も時間もないから白色がいいな……」って思ったときは？

その場合は、確定申告書を提出する年の3月15日までに、「所得税の青色申告の取りやめ届出書」を出すだけでOK。**取り消すのは簡単ですから、とりあえず青色申告の手続きをしておくのがオススメ**です。

後から簡単に変えられると思うと気が楽ですね。始めるのってエネルギーがいりますけど、走り始めるとイロイロありつつも意外と進めるものです。私にとって青色申告は、デコボコ道、曲がりくねった道でしたが、そのときどきに助けもあって今はかなり快適走行♪　「損益計算書」や「貸借対照表」とか、それまでは「何ソレおいしいの？」みたいなこともわかるようになって、経済アレルギーが和らぎました。目先のオトクに釣られて始めた青色申告でしたが、思わぬ副産物もあって、フリーランス人生の見通しもよくなった気がします。

お金の管理スキル、「会計」の基本を知ることは大きな武器になりますからね。事業を続けていくためには、どんな種類のお金がどれだけ必要でどう使えるのかを把握するのは、ぼちぼち稼ぎにせよ大きく事業を展開しているにせよ、規模に関係なく必要な知識。仕事や日々の暮らしにも直結します。世界の見え方も変わるでしょうね。

どシロートの私が青色申告でつまずいたポイントなど、本書の姉妹版の『超シンプルな青色申告、教えてもらいました！』でも掲載してますので、どうぞご参考に！

自分に合った会計ソフトを選ぼう

自分に合ったソフトの選び方

　青色申告ソフトはたくさんの会社から出ています。パソコンにインストールして使うタイプと、ネットにつながればどのパソコンからでも使えるクラウドタイプの2つがあります。

　選ぶポイントは、①値段、②環境（オンライン必須か否か）、③機能や好み（自動仕訳など最新機能 or シンプルな使いやすさ）。

　事業の状況に合わせて、自分に合ったものを見つけましょう。無料体験ができるものはいくつか使ってみるのがオススメ。ネットの口コミやランキングなども比較の参考になります。

インストール型 or クラウド型

　パソコンにインストールするタイプの会計ソフトはオフラインで利用できます。会計ソフトの定番で作業速度も速く、税理士の多くが使っています。Windows 向けが多いので、Mac 利用者は確認しましょう。値段は1万円前後で一度買えば、税制の大きな変更がなければ利用可。

　クラウド型の会計ソフトは、Windows・Mac の両方に対応。銀行口座やクレジットカードのオンライン明細を自動取得したり、スマホなどからレシートをスキャン＆読込したりして、帳簿へ反映させる自動仕訳など最新機能があります。オフラインでは作業できないのがデメリット。

簡単仕訳帳

　シンプルな機能ながらも最小限の入力で青色申告できるのが「簡単仕訳帳」（書籍『超シンプルな青色申告、教えてもらいました！』でダウンロード可。1,700 円＋税・巻末参照）。最新の機能はありませんが、お金をかけたくない小規模フリーランスの青色申告への第一歩にオススメです。

◆ インストール型会計ソフトは…

○ ネット接続なしで OK
○ 税理士も利用している
△ 1万円前後
△ 銀行口座からの自動仕訳、レシート読込など不可※

※やよいの青色申告は可

◆ クラウド型会計ソフトは…

○ 銀行口座からの自動仕訳、レシート読込など可
○ クラウド（ネット上）で保存可
△ サブスク年額1万円前後〜
✕ オフラインでは作業できない

インストール型は昔からの定番ソフト。
クラウド型は自動仕訳ができて近年人気。
他にも、フリーソフトなどを使っている人もいますね

◆ 簡単仕訳帳は…

○ ネット接続なしで OK
○ 1700円＋税
　（『超シンプルな青色申告、教えてもらいました！』）
△ シンプル＆最小限の入力作業
△ 銀行口座からの自動仕訳、レシート読込など不可

私はシンプルで更新料がない、簡単仕訳帳です！

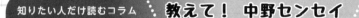

Q. 青色申告ソフト、ぶっちゃけ どれがオススメ？

会計ソフト、いろいろなものがあって迷っちゃいますよね。私はお金をかけたくない＆シンプル機能が楽チン♪なので、いまのところ**簡単仕訳帳**ですませてますが、節税＆申告のプロの税理士さん的には、ぶっちゃけどれがオススメですか？

その人の好みや事情によりますが、名前の知られているものは、どれもオススメできますね。インストール型は**「やよいの青色申告」がシェア No.1 で税理士も多く使っているド定番**。ネットの接続環境に左右されないので安定して作業ができます。カスタマーサポートも充実していますし、利用者が多いのでネットで検索すれば、たいてい回答が見つかります。無料体験版もありますね。

10 年以上前から青色申告しているフリーランスの大半は、やよいさんのお世話になってますよね。アップデートが必要って言いますけど、税率が変わるような大きな税制の変更ってほとんどないから、買ってそのまま使い続けてるって友人もいます。
最近定着してきたクラウド型はどうですか？

オンラインで使うクラウド型は、**「freee 会計」**、**「やよいの青色申告 オンライン」**、**「マネーフォワード クラウド確定申告」**が定番です。銀行口座やクレジットカードと連携させたり、領収書やレシートをスマホのアプリから読み込んだりして、**自動仕訳ができるという最新機**

能が売りですね。とはいえ、全部お任せにできるわけではないのでチェックは必要です。簿記や会計の知識がなくても質問に答えれば、必要な帳簿や書類ができあがるタイプで手取り足取り丁寧ですが、多少知識がある人には、手順が増えてまだるっこしいと感じる面もあるようです。

各ソフトには無料でも使える機能や無料試用できる期間がありますよね。私も3つとも使ってみましたが、自動で仕訳が入力されていくのはすごい！ IT時代の会計ソフトって感じでした。
ただ、私の場合は、私用とビジネス用の銀行口座やクレジットカードを分けていないので、チェックが面倒で……。将来的に使うとしたらその辺を整理してからかなぁ。あとは、サブスクの料金がけっこうかかるので、そこをケチらずにすむくらい稼いでから……ですかね。
正直、自動取り込みやスキャン機能はすごいのですが、「簡単仕訳帳」に慣れちゃうと手入力で確認しながらできて、自分用にカスタマイズできる便利さも捨てがたいのが現状かも。

会計ソフトは今後もどんどん進化していくでしょう。電子帳簿保存法などの税制の変更で、証憑などの書類の保存方法といった小規模フリーランスに課せられる義務が変わる可能性もあります。状況に合わせて、そのとき自分に必要な会計ソフトを選べるといいですね。

当分はシンプルな「簡単仕訳帳」で行きますが、税制や会計ソフト事情ウォッチングも続けていこうと思います！

青色申告の特典で節税！ 注意点も…

◆ 65万円控除の恩恵を受ける

青色申告で正確な帳簿を作成すると、最大で65万円も事業所得から差し引いて**所得税を安くできます**。

◆ 30万円未満の固定資産を一括経費に

青色申告の場合は一組30万円未満で購入した固定資産を一括でその年の費用にすることができます（白色申告では10万円）。これは期限付きの特例ですが、毎回延長されています。**年間総額300万円まで利用**できますので、儲かった年は、事業に投資をすることで節税もできます。

◆ 家族に払った給料が経費になる！

青色申告では、生計を一にする家族が事業に従事している場合、「青色事業専従者」として届けておけば、その**家族へ支払った給与の全額を費用**（必要経費）にでき、所得税を抑えることができます（P.102～）。

◆ 赤字も財産、「損失の繰越」ができる！

事業所得が赤字となった場合、青色申告なら損失を繰り越して（3年間）、翌年以降に利益が出たときに**所得から控除**できます。その結果、繰り越した損失×税率相当分の税金を安くできます。

◆ 3月15日の申告期限を過ぎると10万円の控除のみに…

申告期限（通常3月15日）を過ぎてしまった場合は、65（55）万円の控除は受けられず、10万円の控除となります。

◆ 青色申告 & e-Tax のメリット

赤字を翌年以降に繰越できる

65万円の控除

e-Tax

赤字
3年繰越
OK！

家族の給料が全額経費に

30万円未満の固定資産を
一括経費に

メリットを上手に活用しましょう

◆ 青色申告の注意点

3/15を過ぎると10万円のみに…

〆切は守らないと…ですね

教えて！　中野センセイ

Q. 青色申告はリスクにも
備えられるって、どういうこと？

青色申告のメリットといえば、65万円控除や30万円未満の固定資産を一括経費にすることで節税になることですけど、リスクにも備えられるっていうのは……何でしたっけ？

ああ、二つほどありますね。一つめは「純損失の繰越しと繰戻し」。赤字を3年間にわたって繰り越して、各年分の所得金額から控除できます。**数年間にわたって利益が出た年の所得を赤字で相殺できるので**節税になります。白色申告ではできない青色申告の特典です。ちなみに、前年も青色申告していれば、前年の所得を減らして還付金を受けることもできますよ。意外と使う機会が多いかもしれません。

そうでした！　本の取材で経費は出ていくけど出版は別の年……なんてときに役に立ちそうです。赤字で受けたダメージも、儲けが出た年に利益と相殺できて税金を減らせるなら助かりますね！　逆に、それができないと、赤字でダメージを受けた上に、儲けが出たときは税金が増えることに……白色申告者には世知辛い世です。

二つめは、「貸倒引当金」を経費に計上できること（P.114）。「貸倒引当金」とは、売掛金や貸付金などが回収不能となる金額をあらかじめ見積もったもので、倒産などで回収不能とわかる以前に、その一部を**損失額として経費に計上**できるというものです。

えーと、たとえば、私が本の出版を依頼されて原稿を納品したにもかかわらず、支払期日がきても原稿料も印税も振り込まれず、さらにその発注先の倒産の噂が流れてきて……なんていう場合、原稿料の一部を経費にして所得を減らせるっていうことですか？

そうですね。売上が回収できないと決定する前の**見込みの段階で、経費計上できる**ところがポイントです。もし、相手の倒産などによって売掛金を取りはぐれたことが決定した場合は全額を相殺できますが、そのためには厳しい条件が必要で、時間も手間もかかります。そういう場合に備え、回収できないかもしれない売掛金の額を事前に見積もって必要経費とするもの。全額ではなく一部ではありますが、リスクを軽減する効果があります。

ひー、利用せずにすむに越したことはない特典です……。今も昔も事業をしていたら、自分も相手先もいろんなことがありますよね。特にここ数年は、生活が一変するようなことがどんどん起きているご時世ですから、あらゆる事態が起こりうると痛感します。マイナスの事態を少しでも和らげてくれるような特典があると思うと少し安心。

貸倒引当金は、実際に活用する機会はさほど多くはないかもしれません。わからないことがあれば、税務署へ問合せる、専門家に相談するなど、プロの手を借りましょう。

家族に給料を払って節税する

◆ 青色申告なら家族に支払った給料全額が控除できる

青色申告では、生計を共にする家族を「青色事業専従者」にして支払った給与を経費にすることができます。そのためには、「青色事業専従者給与に関する届出書」を提出する必要があります。届け出の〆切は、新規開業なら2か月以内、その後は原則として毎年3月15日、年の途中から支払う場合は仕事を始めてから2か月以内です。

青色事業専従者とは、以下の3条件すべてに当てはまる人です。

- 事業主と生計を一にする配偶者や親族
- その年の12月31日現在で15歳以上の人
- 年間6か月を超える期間、その事業に専ら従事していること
  （特殊な状況では、事業期間の1/2を超える期間）

◆ 給与の額について

支給する給与の額は一般的な常識や、他の従業員との比較で決める必要があります。また、青色事業専従者になると事業主の**扶養控除や配偶者控除・配偶者特別控除の対象から外れます**ので、少額の給与では節税になりません。また、給与の支払いが多くなるとその家族に所得税がかかります。

高すぎちゃダメなのね…

適正な額にする必要がありますが、ざっくりオトクになる額もP.104～で紹介しています

◆青色事業専従者給与に関する届出書（記入例）

			1 1 2 0

税務署受付印

青色事業専従者給与に関する　◉届　　出　　書
　　　　　　　　　　　　　　　○変更届出

青梅 税務署長	納税地	◉住所地・◉居所地・◉事業所等(該当するものを選択してください。) (〒 198 － 0042) 青梅市東青梅１－２－３ (TEL 03 － 1234 － 5678)
3 年 1 月 11 日提出	上記以外の住所地・事業所等	納税地以外に住所地・事業所等がある場合に記載します。 (〒 198 － 0042) 青梅市東青梅１－２－３ オオカミハウス (TEL 　－　 － 　)
	フリガナ	コヅレ　オオカミ
	氏　名	子連れオオカミ
	職　業	カメラマン

生年月日 ○大正 ◉昭和 ○平成 ○令和　5 年 5 月 5 日生

フリガナ	シャシンノジョウズナオオカミサン
屋　号	写真の上手なオオカミさん

令和▼ 3 年 1 月以後の青色事業専従者給与の支給に関しては次のとおり ◉定　　め　　た　　○変更することとした
ので届けます。

1 青色事業専従者給与 （裏面の書き方をお読みください。）

	専従者の氏名	続柄	年齢 経験 年数	仕事の内容・ 従事の程度	資格等	給　　　料		賞　　与		昇給の基準
						支給期	金額（月額）	支給期	支給の基準（金額）	
1	オオカミ花子	妻	25歳 5年	撮影補助（週2 ～3回），記帳		毎月 25日	100,000 円			2%程度
2							円			
3										

2 その他参考事項 （他の職業の併有等）　　3 変更理由 （変更届出書を提出する場合、その理由を具体的に記載します。）

4 使用人の給与 （この欄は、この届出（変更）書の提出日の現況で記載します。）

	使用人の氏名	性別	年齢 経験 年数	仕事の内容・ 従事の程度	資格等	給　　　料		賞　　与		昇給の基準
						支給期	金額（月額）	支給期	支給の基準（金額）	
1			歳 年				円			
2										
3										
4										

※ 別に給与規程を定めているときは、その写しを添付してください。

関与税理士		税務署	整理番号	関係部門 連絡	A	B	C
(TEL 　－　 － 　)			0				

Q. 家族の給料、いくらがオトク？

家族に払った給料が全額経費になるって、家族経営のお店なんかだと大助かりですね。……っていうか、逆に言うと、青色申告じゃないと経費にできないんですね？

白色申告の場合は、配偶者や子どもへ支払った給与については必要経費として認められません。代わりに「事業専従者控除」として一定額の控除を受けることはできますが、控除額には上限があり、配偶者は 86 万円、その他の親族は 50 万円までを上限としています。

一方、青色申告であれば家族への給与をすべて必要経費とすることができるので（もちろん、常識的な額でなければいけません）、その分だけ所得を減らして節税できます。

ただし、給与が一定の額以上になると所得税がかかります。月額 88,000 円以上の支払いになると月ごとに所得税の源泉徴収が必要になり、年末調整や受け取った家族自身による確定申告も必要です。

ふむふむ。がっつりフルタイムで働く場合はそれとして、もう少し余裕を持ちつつ事業を手伝うくらいの働き方で、扶養控除や配偶者控除よりもオトクで、しかも確定申告や源泉徴収の手間も省けて、できれば税金もかからない、ちょうどいい塩梅のお給料があれば最高です。その辺をぜひ！

注文多いなぁ。まぁ、この辺は家族を青色事業専従者にしたい人達みんなが知りたいところですよね。手間のかからないちょうどいい給与額。一般に、**月額8万円（年額96万円）くらいがコストパフォーマンスがよい**と言われています。

 月額8万円がコスパがよい、と。その理由は？

 専従者の給与には下記のとおり、「給与所得控除」と「基礎控除」が差し引かれた額をもとに、所得税と住民税がそれぞれかかります。つまり、所得税なら年額103万円以下、住民税なら年額98万円以下の給与なら、課税所得は０になりますから税金がかかりません（自治体によりますが）。

	所得税	住民税
給与所得控除	55万円	55万円
基礎控除	48	43
合　計	103	98

※令和3年より

 おお、月額8万円なら年額96万円。どちらもセーフだから所得税も住民税もなしで、源泉徴収の手間もなし！

 もちろん適正な額である必要はありますが、経理や業務の手伝いをしてもらって月額8万円の仕事量というのは現実的。説明のしやすい妥当な額といえるでしょう。

 目安があるのは助かります〜。お給料を払える家族がいる人は、参考にしてください！

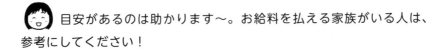

国税庁のサイトから e-Tax がオススメな理由

◆ 最新事情に対応した公式サイトで、自宅からラクラク申告

確定申告は手書きの書面でも提出できますが、国税庁の Web サイト「確定申告書等作成コーナー」にアクセスして申告書を作成する方法がオススメです。

一度入力すると、氏名や住所など基本情報を引き継いでくれるので、毎回（毎年）入力する手間が省けます。そのほか、

・最新の税制改正に対応して計算してくれる
・入力ミスや入力モレを指摘してくれる
・e-Tax（電子申告）すれば控除額が最大の 65 万円になる

といったメリットがあります。なにより、国税庁の公式サイトで作成した申告書ですから、安心です！

◆ スマホからも申告可。お悩み Q&A も！

「確定申告」で検索すると、「○年分確定申告特集 - 国税庁」という項目が出てきますのでアクセスすると右のような申告のページが出てきます。令和４年分からは、事業所得の申告もスマホから可能に。

また、国税庁の Web サイトでは、「タックスアンサー（よくある税の質問）」のページや質問に対して回答へと誘導してくれる「税務相談チャットボット」などの機能もあります。

スマホからも所得税の申告ができますよ！
私は大きな画面＆キーボード入力の PC 派ですが

◆国税庁の「確定申告書等作成コーナー」サイト

◆チャットボット（AI による自動回答）に相談できる

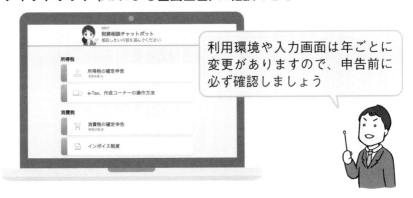

利用環境や入力画面は年ごとに
変更がありますので、申告前に
必ず確認しましょう

◆スマホからも申告可能

Q. パソコン持ってません。スマホだけで青色申告できる？

『超シンプルな青色申告…』を出版して以来、ときどき読者から問合せがあるのですが、先日、「パソコンがなくても、スマホだけで簡単仕訳帳は使えますか？」って質問されてびっくり！ 事業をするのにパソコンは欠かせないと思っていたのですが、今どきはスマホで事足りちゃうこともあるんですねぇ。

スマホでかなりのことができるようになりましたからね。国税庁の Web サイト「確定申告書等作成コーナー」でも令和 4 年分から**事業所得の申告もスマホから e-Tax できる**ようになりました。

そうなんですよね。私も試しにパソコンとスマホの両方で申告してみましたよ。キーボードを打つのに慣れてる世代ですし、簡単仕訳帳での帳簿づけもパソコンでしているので、私はパソコンからの申告が断然ラクでしたが、スマホに慣れている世代は別なのかも。
そういえば、冒頭のお問合せには、「簡単仕訳帳は Excel シートなので、対応のアプリや Google スプレッドシートを使えばスマホでも使えます……けど、パソコンの大きな画面とキーボードでの作業を想定してます」とお伝えしたところ、「無事、使えて青色申告もできました！」というお返事がきて、またもびっくり！ あのスマホの小さな画面で帳簿づけの作業ができるとは……老眼の始まった私には驚愕です！ IT 世代、恐るべし。

IT技術の進歩に合わせて、あらゆることが変化してます。公的機関のDX（デジタルトランスフォーメーション）もどんどん進んでいます。e-Taxはその象徴ですね。それに合わせて、会計ソフトの機能も進化しています。特に、クラウド型のソフトの対応は早いですね。**スマホのアプリと連動させたレシートのスキャン＆読込機能などは便利**というだけでなく、電子帳簿保存法などを見据えたものと考えれば必然ともいえます。領収書や請求書など証憑の保管も、紙からデータでの保存が標準になってきていますし。

なるほど。国税庁のサイトも、だいぶ使いやすくなったような気がします。**マイナンバーカードとスマホがあればe-Taxできるよう**になりましたし。私は、マイナンバーカードやスマホがなくてもe-Taxできる**ID・パスワード方式**がカードを読み取る手間もなくてラクなので、こちらでe-Taxしてますけど（P.110～）。税務署での手続きが必要ですがスムーズにいけば30分ほどで完了します。
そうそう、わからないことは、チャットボットの相談員ふたばさんに聞いてみるのも。お役所のスタッフらしい融通の利かない法律どおりのお答えながらも、一応必要なことは教えてくれます。

AI技術の進歩は早いですから、近いうちに、人それぞれの多様なパターンに合わせてわかりやすく教えてくれるようになりそうですね。

AIでも人間でも、きめ細かなサービスをしてくれるなら、どっちでも助かるなぁ。仕事の種類や質もどんどん変わりそう。ピンチとなるか、チャンスとなるか……小規模フリーランスならではの穴場狙いで、ぼちぼちやっていこうと思います！

e-Tax に必要なものの準備は…

◆ e-Tax って何？　どうしてオトクなの？

　確定申告の提出方法は、作成・印刷した紙の申告書を持参または郵送する方法と、ネットから提出する方法の 2 通りあり、e-Tax は後者。

　e-Tax とは国税庁の「国税電子申告・納税システム」を使った申告方法のことで、**パソコンなどの電子機器からオンラインで申告**をする方法です。自宅にいながら 24 時間申告ができるのでとても便利。

　令和 2 年分からは青色申告特別控除の **65 万円控除を受けられるのは、e-Tax で確定申告をした場合のみ**に変更されました（持参や郵送で提出した場合は 55 万円控除です）。

◆ マイナンバーカードとスマホ、または税務署の手続きで OK

　e-Tax には、**マイナンバーカード方式**と、**ID・パスワード方式**の 2 つの方法があります。それぞれ、必要なものや準備は右のページの通り。

　状況によって、都合のいいほうを選びましょう。

> マイナンバーカードとスマホがあれば
> パソコンから申告 OK。
> なくても ID・パスワード方式で e-Tax
> できますよ

◆ マイナンバーカードを持っているなら…

パソコンに表示されるQRコードを
スマートフォンで読み取る方法です。

ICカードリーダライタを使用します。

◆ ID・パスワード方式の準備

税務署で発行されたID・パスワードを利用する方法。
「ID・パスワード方式の届出完了通知」が必要です。
申告書の控えと一緒に保管していないかご確認ください。

> 私は、ID・パスワード方式で
> e-Tax デビュー！ 税務署で
> あっという間に手続きできま
> した

国税庁 e-Tax・作成コーナーヘルプデスク

0570-01-5901（全国一律市内通話料金）

上記の電話番号がご利用になれない方は、こちらへおかけください。
03-5638-5171（通常通話料金）

◆ 受付時間
　月曜日〜金曜日（休祝日及び 12 月 29 日〜1 月 3 日を除きます。）　9:00 〜 17:00

教えて！　中野センセイ

Q. 一人でできるか不安…
手伝ってくれるところはある？

「e-Tax は自宅で時間を気にせずできて便利！」ということばかり宣伝されてますけど、「いやいや、一人じゃ不安だから手伝ってほしいし、なんなら代わりにやってほしい」という要望、けっこうあります。

一人でできるか不安な人は、確定申告シーズン中（2月16日〜3月15日）に開設される**税務署や地元自治体の無料相談**、または**申告書作成会場**を活用できますよ。国税庁や自治体は「自宅からe-Tax」をアピールしているので意外と知らない人がいるようですが、**申告書作成会場に設置されたパソコンを使って相談しながら e-Tax（電子申告）**できます。

あんな面倒な作業なんだから、できない人へのサポートがあって当然ですよね。私も青色申告ビギナーのときは、申告書作成会場へ行きパソコンの前でスタッフの方に相談＆確認しながら一緒に申告手続きをしてもらいました。地元の美容師さんは、「毎年、手書きの帳簿（！）を持っていって、申告書作成会場のスタッフさんに言われた数字を打ち込んでいた」という強者です。相談と申告書の作成ができて、会場内にあるパソコンを使って、その場で e-Tax までできるのは助かりますね。そういえば、お問合せの読者の中にはパソコンはあってもネットにつながってないって事業者さんもいましたっけ。

ネットに接続できる環境がない人もいますから、公の機関がサポートするのは当然ですね。**「確定申告書作成会場」** などで**検索**もできますが、自治体や税務署に問合せれば、地元の会場を教えてくれます。以下のように、国税庁のサイトでもお知らせを載せていますし、自治体の広報紙などでも、確定申告前になると告知しています。

(国税庁のサイトより)

申告書作成会場へ行く場合は、必要な準備を忘れずに。事前予約をして入場整理券などが必要な場合が多いです。持参するものも確認を。**仕訳帳などの帳簿や決算書、前年度の申告書、医療費の明細（人ごと医療機関ごとの年間合計）、控除関係の書類**、その他、必要かな？と思ったものはすべて持っていきましょう。

宣伝ベタなお役所ですが、サポートは意外と充実してますよね。今年初めて確定申告する人、e-Tax デビューする人、まだまだ慣れない人は、税金分、きっちりサービスしてもらいましょう♪

習い性で会場へ出向いている「申告のためだけに来ている」人もいるようです。不安なのはわかりますが、ネットに接続できるなら、自分のパソコンやスマホから試してみてください。簡単さを実感して時間も節約できるかも。レッツトライ！

まだある！　青色申告のメリット

◆ 貸倒引当金を経費にできる

　青色申告では、「貸倒引当金」を経費に計上して、納める税金を減らすことができます。貸倒引当金とは、掛け売り（商品やサービスを先に提供し、後日代金を回収すること）の代金などが回収できないと思われる場合に、回収見込み不能額として計上しておくものです。青色申告では、貸倒引当金が年末における貸金の帳簿価額の合計額の5.5％以下の金額であれば、その金額が必要経費として認められます。

　白色申告の場合、「個別評価による貸倒引当金」（取引先に支払い能力がない等で、回収できないことがほぼ間違いないケース）のみ経費にできます。

実際にこうした事態に遭遇したら、計算方法や注意点などは税理士などプロのアドバイスも活用してください

この特典を利用することがありませんように…

「青色申告& e-Tax で節税」チェック事項

- [ ] 青色申告するには、まず届出が必要！

- [ ] 迷ったらひとまず手続きがオススメ。取消もできる

- [ ] 青色申告ソフト、自分に合ったものを選ぼう

- [ ] 30万円未満の固定資産の一括償却を上手く使う

- [ ] 事業を手伝う家族に給料を支払おう！

- [ ] 赤字が出たら「損失の繰越」を活用すべし

- [ ] 3月15日の申告期限に注意！

- [ ] 最大65万円控除にしたいなら e-Tax（電子申告）

- [ ] マイナカード＆スマホ、または手続きで e-Tax できる

- [ ] 「確定申告書作成会場」で相談しながら e-Tax も OK

30万円未満の固定資産の
一括経費計上で撮影機材
を新調しようかな

赤字なら確定申告しなくていい？

　フリーランス（個人事業主）の事業所得が赤字になった場合、所得はゼロですから納付すべき所得税も発生しません。ということは、所得税の確定申告をする必要もないのでしょうか？

　実は、**事業が赤字でも確定申告をしたほうがよいケース**がたくさんあります。主なケースは以下の通りです。

① 　源泉徴収（P.52）されている場合、確定申告をすることで**還付金**が受け取れる可能性があります。

② 　青色申告をしている場合は、赤字を繰り越すことができ、**翌年以降の所得を減らし節税**できます（P.98）。

③ 　所得が赤字の場合、**国民健康保険料の軽減措置を受けられる**可能性があります。国民健康保険料は、所得に応じて計算する所得割と、加入者全員が負担する均等割があり、総所得金額が基準以下であれば均等割の減額を受けられます。

　他にも、申告しないと非課税証明書が受け取れない、所得の証明ができない等、手続きや審査に必要な書類が入手できないといったデメリットがあります。「**フリーランスは赤字でも確定申告**」が基本です。

4章

気になる「インボイス制度」ほか、
情報収集のツボ

～信頼できるタイムリーな情報は、こうしてゲット～

「インボイス制度、どうしたらいい？」

「オトクな情報はどこにあるの？」

最新情報へのアクセス法、教えます！

オトク情報入手は、ネットをフル活用！

専門家の発信する情報を
賢くゲットしよう！

　ただでさえフクザツな税制ですが、時代やそのときの状況に合わせて、大小の変更が毎年あります（税制改正といいます）。

　たとえば、この本が出版される2023年は、10月からインボイス制度（適格請求書等保存方式）が始まっている予定です。

国税庁サイトより

インボイス制度、国税庁にも特設サイトがありますね。
免税事業者のフリーランスにとって悩ましい変更です…

この章では、こうした情報をタイミングよく入手して、判断＆行動していくコツをご紹介していきます。

　情報収集のポイントは、
プロを上手く使うこと。
シンプルですが、これに尽きます。

　今の時代は、専門家が有効な情報をタイムリーに発信してくれています。また、自治体や税務署でも最近はサービスが向上し、さまざまな支援をしてくれています。2022年からは国が改めて起業支援に力を入れていることもあり、補助金や助成金など、税金を投じてバックアップもさらに充実してきています。

　オトクなことも知らなければ、あなたの前を通り過ぎていってしまいます。信頼できるプロの発信をSNSなどでフォローし、疑問や悩みを解消しながら、賢く節税したり支援を受けたりしていきましょう！

ぜったいやるべき！　情報入手ベスト3

- 専門家のSNS・動画・ウェビナーを活用しよう！（P.120〜）
- 自治体＆税務署ほか、公けの機関をフル活用！（P.130〜）
- 起業＆事業運営のプロに相談してみる（P.134〜）

専門家の SNS・動画・ウェビナーを活用しよう！

◆ ネットで情報収集するときのポイント

　ネットから情報収集するときは、その記事や動画の発信元を確認しましょう。**情報の正確さ、意見の方向性**は立場によって異なります。以下①～④の情報元の特性を踏まえて参考にしましょう。

① 　国税庁や自治体などの**公的機関**
② 　税理士や会計士など**税金やお金の専門家**
③ 　メディア発信する**記者やジャーナリスト**
④ 　同業種フリーランスなど**同じ業界や立場の人**

　会計ソフト各社のサイトも参考になります。仕訳や税務についての解説から税制の最新情報まで掲載されています。

　いつの情報かも重要です。**アップされた日付**の確認も忘れずに。

◆ 税金のプロをフォローして、最新情報は SNS で入手

　最新情報の入手にはＳＮＳ（ソーシャルネットワーキングサービス）がオススメ。YouTube などの動画や、ブログや、X（旧 Twitter）、Facebook、note などの活字タイプのメディアなど、SNS で発信している専門家はたくさんいます。**気に入った専門家や団体をフォロー**して、プロからの情報を上手にゲットしましょう。

◆ 無料セミナー・ウェビナーを活用

　自治体や税務署での**専門家による無料のセミナー**や、民間のフリーランス向けの団体や税理士・会計事務所でのオンラインでのセミナー（ウェビナー）も多数開催されています。

◆ネット情報は発信元をチェック

◆税理士・会計士の SNS をフォロー

◆無料セミナー、ウェビナーを活用

SNS やオンラインのセミナー、無料で有益な
情報収集ツールがいっぱいありますね

僕も各社サイトで税理士として記事を書いたり、
ウェビナーの講師をしたりしています！

Q. インボイス制度など、税制ニュースにどう対応すべき？

インボイス制度……登録したほうがいいのかしないほうがいいのか。中止を求める声もあって、もう何が何やら……。

新しい制度への対応は、フリーランスの皆さんだけじゃなく、僕ら税理士も大変です。さまざまな人の意見で大幅に緩和されたり、白紙に戻ったりすることも。2022年には、副業の所得の申告の仕方（事業所得か雑所得か）について、民間の意見を聞くパブリックコメントの反対を受けて修正が入り話題になりました。電子帳簿保存法でも、経団連の意見を受けて小規模事業者の負担を軽くする猶予措置もできましたし。インボイス制度も、影響がある個人事業主がたくさんいることもあって、国と業界団体の間でやりとりが交わされています。おおよそは決定しましたが、経過措置ができたり、特例ができたりと（P.129）、いまだ揺らいでいるのが実情です（2023年9月1日現在）。

ぼちぼちフリーランスが助かる修正はありがたいですが、結局いつどうやって判断して準備や手続きをすればいいのやら……。

噂や又聞きに振り回され、早まって誤った判断や行動をしないことが大事です。じっくり様子を見ながらでも間に合うことが多かったり、無駄を省けたりするのが実際です。**SNSで信頼できる専門家の発信をフォロー**してタイミングを見極める助けにしてください。

問 **インボイス制度って何？**

答　国が認めた請求書であるインボイス（適格請求書）で取引（発行・保存）する制度。正式名称は、適格請求書等保存方式

問 **今までと何が変わるの？**

答　適格請求書以外は仕入税額控除ができない（経過措置あり）

問 **仕入税額控除って何？**

答　課税事業者が消費税を納めるとき、経費などで支払った消費税分を、納める消費税から差し引ける額のこと

問 **免税事業者（前々年の売上 1,000 万円以下）には関係ないのでは？**

答　影響のない人もいるが、取引先が課税事業者の場合は関係あり

問 **影響があるとしたら、免税事業者に何が起こるの？**

答　取引先から課税事業者になってインボイスを発行するよう求められるかも。なぜなら、取引先は、免税事業者の出す請求書では仕入税額控除ができず負担になり、作業も煩雑になるから

問 **免税事業者のまま適格請求書を発行できないの？**

答　課税事業者にならないと適格請求書は発行できない

問 **登録したら、年収 330 万円ライターの収入はどうなる？**

答　330 万円のうち消費税分 30 万円にみなし仕入率（50%）を掛けた 15 万円分の売上が減る[※]

※簡易課税（P.127）で計算した場合。また、2割特例（P.129）の適用期間中は6万円（消費税分の20%）の売上が減る

インボイス制度で何が変わるの？

インボイス制度前は…

免税事業者 (^^)
報酬　100 万円
消費税　10 万円
売上　110 万円
＊免税事業者なので、 　消費税は納めず OK

請求書
110 万円

支払い
110 万円

課税事業者 (^^)
報酬　100 万円
消費税　10 万円
仕入　110 万円
＊免税事業者への消費税は 　**控除して OK!**（負担なし）

インボイス制度後は…

　税務署に登録した**課税事業者（適格請求書発行事業者）が発行した請求書以外は、支払った消費税分の控除ができなくなる**。結果、考えられるパターンは主に 3 つ。

① 免税事業者と取引をする**課税事業者が消費税分を負担**することになる

② 課税事業者が**免税事業者との取引を敬遠、または消費税分を支払わない**

③ 取引を続けたい免税事業者が課税事業者になりインボイスを登録。**消費税を納める作業が増え、売上も減る**

> いずれにせよ、誰かの収入が減ったり、手間が増えたりしちゃうんだ。今までどおりじゃダメなのかしらん…

> 課税事業者、免税事業者、それぞれの負担を軽くするための経過措置もあります（P.129）。くわしくは、「インボイス　経過措置」「インボイス　2 割特例」などで検索を。国税庁サイトや専門家のサイトで確認しましょう

インボイス制度後は… ※事業者によって対応は異なります。ご確認ください

①
免税事業者		課税事業者

免税事業者

報酬　100万円
消費税　10万円
売上　110万円

＊それまで通り、
　消費税は納めず**負担なし**

請求書
110万円

支払い
110万円

課税事業者

報酬　100万円
消費税　10万円 **(控除不可)**※
仕入　110万円

＊免税事業者への消費税分
　を**負担**することに…

または、課税事業者が免税事業者との取引を止めるか、続けるなら…

②
免税事業者

報酬　100万円
消費税　　0円※
売上　100万円

＊売上10万円減、または
　取引停止される可能性も

請求書
100万円

支払い
100万円

課税事業者

報酬　100万円
消費税　　0円※
仕入　100万円

＊相手が免税事業者なので**消費税
は支払わない**

または、免税事業者が課税事業者になってインボイス登録すると…

③
課税事業者

報酬　100万円
消費税　10万円※
売上　110万円−消費税納付分

＊消費税の差額分の**手取り減**、
　＋**消費税納付作業**が増える

インボイス
110万円

支払い
110万円

課税事業者

報酬　100万円
消費税　10万円 (控除可)
仕入　110万円

＊インボイスがあれば消費税分も
　これまで通り**仕入税額控除OK**

※2割特例の適用期間中、また仕入控除額の経過措置期間中は、免税事業者・課税事業者それ
　ぞれの負担が軽減されます（P.129）

インボイス、登録すべき？ or しなくていい？

スタート

| 基準期間^(*)の売上が
1,000万円超 | —YES→ | **インボイス登録！** |

＊基準期間……2年前

NO

業種によって
事情が違います

私は検討が必要
な人ね…

美容室、理容室、子ども相手の習い事や塾、スポーツジム、個人客向けの飲食店など

顧客がインボイス不要

※経費扱いにしている顧客がいる場合は除く

または、

居住用物件の大家、保険診療のみの診療所（売上が非課税）、
農協、漁協、森林組合に生産物を卸している農家（不要特例）

業種がインボイス不要

↓

**インボイスを登録しなくても
（今までどおりで）OK**

漫画家、イラストレーター、声優、俳優、個人タクシー運転手（ビジネス客相手）、商店・飲食店（接待利用などで領収書を求められる店）など

顧客がインボイス必要

または、

大工、工事会社などの一人親方、トラックドライバー、デザイナー、フードデリバリー、システムエンジニアなど

**企業と業務委託契約
（請負契約）している**

↓

**インボイスを登録するか
検討しよう**

◆ インボイス、登録するとどんな手間が増える？

インボイスを登録して課税事業者になると以下のことが必要になります。

① 消費税の申告が必要
② 税抜経理を行うなら、対応のソフトで税抜き設定にする（以下の簡易課税方式なら税込でも可）

◆ 登録するなら「簡易課税」がシンプルかも…

消費税の原則課税は、実際の売上で預かった消費税から仕入れや経費等で支払った消費税を差し引いた残額を納付する方法。しかし、計算が複雑なため、小規模フリーランスへの負担を軽減する簡易課税制度があります。簡易課税方式では、**実際に支払った消費税を計算する手間が省けます**。また、税込の計算でOK。具体的な計算式は、下記の通り。

消費税納付額 ＝ 売上に係る消費税 － 売上に係る消費税 × みなし仕入率

基準期間の課税売上高が5000万円以下の課税事業者が利用できます。
事業区分およびみなし仕入率は、以下のとおり。

事業区分	みなし仕入率
第1種事業：卸売業	90%
第2種事業：小売業、農業・林業・漁業（飲食料品の譲渡に係る事業に限る）	80%
第3種事業：農業・林業・漁業（飲食料品の譲渡に係る事業を除く）、鉱業、建設業、製造業、電気業、ガス業、熱供給業および水道業	70%
第4種事業：第1種事業、第2種事業、第3種事業、第5種事業および第6種事業以外の事業	60%
第5種事業：運輸通信業、金融業および保険業、サービス業（飲食店業に該当するものを除く）	50%
第6種事業：不動産業	40%

◆ 簡易課税で損をするケースって？

経費が売上より多い場合、たとえば、創業時など出費が多いときは簡易課税にすると消費税の還付が受けられず損をしてしまうことも。無料の税務相談（P.132～）などを活用して専門家に相談しましょう。

4章 気になる「インボイス制度」ほか、情報収集のツボ

◆インボイス制度に登録する場合に必要な書類は…

消費税課税事業者選択届出書

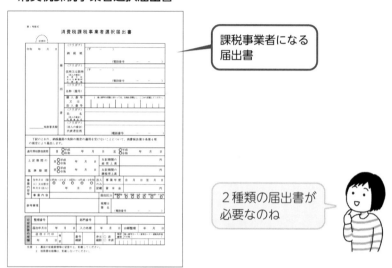

課税事業者になる
届出書

2種類の届出書が
必要なのね

適格請求書発行事業者の登録申請書

インボイス制度に
登録する届出書

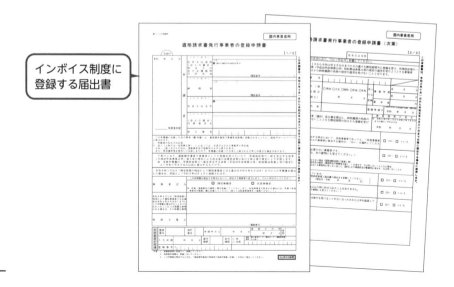

Q. インボイス制度の「経過措置」とか「2割特例」って何？

「売上 1,000 万円以下だけど取引先との関係でインボイス登録した」という人の負担を軽くする措置もあるって聞きましたが……。

はい。これまで免税事業者だった人が新たにインボイス登録をして課税事業者となった場合の負担軽減策が「**2割特例**」です。業種にかかわらず、**売上税額（売上に係る消費税額）の2割を納付**すればよい、という税負担を緩やかにしたもの。事前の届出も不要です。

2割でOKとは！　インボイス導入への必死さを感じます。

また、課税事業者側の負担軽減となるのが「**免税事業者からの仕入れに係る経過措置**」。インボイス（適格請求書）以外は仕入控除ができないのが本来ですが、経過措置期間は**仕入税額相当額の8割を控除してよい**、というもの。

先方の負担も軽減されるなら登録しなくていいか〜。

経過措置期間中は、独占禁止法などで消費税分が全額カットとなる心配はないでしょう。ただし、どちらも現時点（2023 年 9 月 1 日）では**3年限定の猶予措置**。とはいえ、事業者の実情や声で期間が延長されることもありえますので、プロの情報発信はフォローしていきましょう！

自治体＆税務署ほか、公けの機関をフル活用！

自治体サイト＆広報誌は、オトク情報が満載！

　地元の自治体のサイトや広報誌、チェックしていますか？

　実は、ここにはオトク情報が満載。新型コロナウイルス蔓延時に売上が減ったフリーランスへの支援策である**持続化給付金**の申請方法や手続きも自治体広報紙でお知らせしていました。

　そのほか、国民健康保険料の免除や減免、さまざまな補助金、融資制度なども掲載されていました。知らないと**何十万円もの給付金や免除を受けるチャンスを逃す**ことに……。

　行政サービスはしっかり活用しましょう！

無料税務相談を利用する

　税金について相談したい場合は、自治体、税理士会など、さまざまな公共機関で無料の税務相談がオススメ。1年間に数回開催されており、たいてい予約制です。自治体のサイトや「**無料税務相談**」などで検索すると出てきます。

わからないことは税務署で聞こう！

　税金のプロは何といっても税務署。確定申告やその他の申告や届出について確認したいことがあれば、電話や対面で聞くのが一番早くて確実です。予約が必要な税務署も増えたので確認して行きましょう。

◆地元の自治体広報紙やサイトをチェック

(2020年5月渋谷区広報より)

各家庭に投函される自治体の広報誌にも、給付金や支援金、貸付制度などのオトク情報が掲載。要チェックです

◆税務署に行くなら…

・確定申告シーズン（繁忙期）を避けて行こう
・予約をして行こう
・聞きたいことをメモして行こう
・申告書など資料を持参しよう

払った税金分、サービスを賢く受けるべし！

Q. お役所で使えるサービスは？ 税務署で気をつけることは？

お堅くて融通が利かなくて、使いづらい……というのがお役所のイメージですが、最近はだいぶ変わってきましたよね。特に、都心の自治体は建物もきれいで明るくフツーの民間の店舗かと思うようなところも。何よりサービスが向上した気がします。

僕ら税理士も税務相談や確定申告相談で協力していますが、行政サービスってけっこう充実していますよ。使わないのは損。税理士だけではなく、弁護士、司法書士、行政書士、社会保険労務士、土地家屋調査士、不動産鑑定士といった**各分野の専門家による「くらしと事業の相談会」**なども無料で行われています。こうしたイベントは、広報誌やサイトで告知されていますね。手当金や給付金、保険料の免除といった災害や不況などの救済制度がある場合もお知らせがあります。

そうそう！　国民健康保険料の免除や減額のお知らせもたまたま見た広報誌に載っていてすぐ手続きしましたよ。いやぁ、あのときは助かりました。各自に手紙でお知らせしてくれるわけじゃないので、知らなかったらと思うと……（汗）。

自分で申請しないことにはサービスは受けられませんからね。ただ、相談に来る人への対応はずいぶん丁寧になったようです。

確かに！　先日、確定申告の記入モレ＆数字間違いで、住民税と

国民健康保険料を多く払っていたことが判明。修正してきたんですが、自治体の職員さんの対応はとても丁寧で、こちらの疑問にも先回りして答えてくれて感動しました。税務署の対応は……ちょっと疑問でしたが。

 修正申告をしたんですね。何を間違えたんですか。

えーと、ひとり親控除の申告モレと、社会保険料控除の過少申告、それに給付金を重複して申告していたので所得金額が多くなっちゃってまして。まずは、ネット上で修正をしたのですが、「入力に誤りがない場合は、更正の請求又は修正申告の必要がないと思われます」というのが出て修正できない。そこで、税務署に電話をして確認したところ、「内容が違っていても、所得税の納税額に変更がないと修正申告はできない」と言われまして。

……ずいぶん景気よく間違えましたね。確かに納税額が変わらない場合、税務署は修正を受付けません。それで、自治体へ行ったと。

驚いたのは、税務署の職員さんは「修正できません」で終わりだったこと。「これって所得金額が変わりますから、住民税や国民健康保険料も変わる可能性がありますよね？　区役所に確認したほうがいいですよね？」とこちらから聞いて初めて「区役所で聞いてください」と最小限の返答で。税金の基本を知らなかったら手続きできず、払い過ぎも戻ってこなかったのでは？　と思うと不親切だなーって思いましたよ。

「所得金額がすべての税金のモトになる」って**基礎知識**があってよかったですね。みなさんも、中山さんのようにミスをしてもひるまず恥じず、わからないことや疑問はどんどん確認していきましょう！

起業＆事業運営のプロに相談してみる

◆ 頼れる税理士やコンサルタントを探そう！

　細かい税金の相談だけでなく、事業の運営全体について相談したいこともあるでしょう。特に、売上が増えたり従業員を雇ったりした場合、それまでと同じやり方では、スムーズにいかなくなることも。**財産や所得額によって申告内容は変わってきます**。事業が軌道に乗って規模が大きくなったときは、一度、経理や税金の処理を税理士に任せることも検討してみましょう。

　また、税理士以外にも、労務関連の業務は**社会保険労務士**、法務関連の業務は**弁護士や行政書士**、経営戦略については、**経営コンサルタント**など、起業・運営するうえで頼もしい味方となるさまざまな専門家がいます。

　国や地方自治体が支給する**補助金や助成金を受給する手伝いをしてくれるプロ**もいます。

　起業・事業運営の専門家探しでオススメなのは、経済産業省の後援を受けて発足した日本最大の起業支援プラットフォーム「**ドリームゲート**」です。

　また、起業・事業運営についての総合的なサポートは、V-Spirits でも行っていますので、お気軽にご相談ください。

　よい相談先を見つけるには、まずは無料で何人かに相談してみるのがオススメ。相性もありますので、焦らず合う人を見つけましょう。僕も応援してますよ！

　何かあったとき相談先があるのは心強い〜

◆ 税理士やコンサルタントを探すときのポイント

① **報酬は適正か**
相場と比べて高すぎないか、事前に料金を提示してくれるか

② **実績は豊富か**
受注できる業務範囲や受注実績を具体的に開示しているか

③ **親身に相談に乗ってくれるか**
細かな疑問にも嫌な顔をせず、わかるまで答えてくれるか

ドリームゲート（起業・事業運営のプロが見つかるサイト）

https://www.dreamgate.gr.jp/

経済産業省の後援を受けて発足した日本最大の起業支援プラットフォーム。
全国の専門家（ドリームゲートアドバイザー）を検索できる。

◆ 起業・事業運営の悩みを総合的にサポートしてほしいときは…

本書の著者・中野裕哲が代表を務める「起業コンサル V-Spirits グループ」
でも下記の業務や無料相談を行っています。

著者への無料相談
https://v-spirits.com/
TEL　0120-335-523
［全国対応、電話、メール、LINE、Zoom での相談も可能］

［相談できること］
起業相談／個人事業 or 会社設立の選択／会社設立サポート／創業支援／助成
金・補助金の受給サポート／税務署、年金事務所への届出書類の作成・提出代
行／経理税務体制の確立／節税対策／人事労務／許認可／集客、マーケティン
グのアドバイス／人脈の紹介など

毎日のメールマガジン
これを知らなきゃ損する！ 噂の経営マガジン

4章　気になる「インボイス制度」ほか、情報収集のツボ

知りたい人だけ読むコラム ∴ **教えて！ 中野センセイ** ∴

Q. 補助金・助成金って何？ 簡単にもらえるの？

新型コロナウイルス対策の持続化給付金、かなりの額がもらえるとあって、私の周囲でもたくさんのフリーランスが申請していました。今後もあんな感じで給付金がもらえる機会はあるのかしらん♪　補助金とか助成金っていうのもあるらしいですが、似たようなものですか？

給付金は、災害時などで日々の生活に差し障るときなど緊急事態の対策。事態の落ち着いた今後は、そうそうないでしょうね。

一方、補助金や助成金は事業の活動をサポートするもの。毎年新しいものが公表されます。審査を通れば支給される権利が得られます。補助金事業を実施後、事務局の検査を経てお金がもらえます。**原則、返済義務はありません。**

なんと！　ぼちぼち稼ぎのフリーランスでも利用できます？

「小規模事業者持続化補助金」「事業再構築補助金」「IT導入補助金」など幅広い分野で支援があります。たとえば、これまで店内での飲食のみだったお蕎麦屋さんが、テイクアウト事業をはじめるために必要なリフォームをしたり機材をそろえたりした費用などが対象。中山さんが動画エンタメ事業を始めるとしたら、撮影機材費や外注費なども対象です。国の補正予算や本予算に合わせて公表されます。**補助金は後払いタイプ、助成金は審査が通れば入金**です。申請や報告書の作成にはコツがあるので、専門家に相談するのがオススメです！

◆補助金、助成金の主な種類、など

経済産業省系

目的は…中小企業振興、技術振興など

例）ものづくり補助金／小規模事業
　　者持続化補助金／
　　事業再構築補助金／IT 導入補
　　助金

経済産業省のサイトをチェック！

厚生労働省系

目的は…雇用促進、職業能力向上など

例）トライアル雇用助成金／キャリ
　　アアップ助成金／
　　業務改善助成金

厚生労働省のサイトをチェック！

自治体系

目的は…地元企業の振興など

例）創業補助制度／設備投資系補助制度／
　　販売促進系補助制度

各自治体のサイトを
チェック！

厚生労働省系のものは、雇用促進や従業員の
能力開発を目的とした助成金が多いので、従
業員のいる事業者向きです。
自治体によって種類もいろいろ。サイトを
チェックしましょう！

ぼちぼちフリーランスは経済産業省系の
ものがよさそう

節税関連の役所・団体のサイトを検索してみよう！

| ○○○○○ 🔍 | で検索しよう！ |

◆ **税金全般、申告関係は……**

> 国税庁

> 確定申告書等作成コーナー

◆ **健康保険関係は……**

> 国民健康保険

> 国民健康保険組合

◆ **年金関係は……**

> 日本年金機構

> iDeCo 公式サイト　　※ iDeCo（個人型確定拠出年金）

◆ **小規模企業共済、経営セーフティ共済関係は……**

> 中小機構　　※「独立行政法人 中小企業基盤整備機構」の略称

◆ **申告、税務ほか各種相談は……**

> ○○○市町村　　※地元の自治体 HP

> ○○○税務署　　※地元の税務署 HP

◆ **その他、節税、申告、起業関連は……**

> ドリームゲート

「情報収集で節税」チェック事項

- ☐ 最新情報は専門家の SNS をフォロー

- ☐ 情報の発信元、日時、正確性をチェック！

- ☐ 信頼できる専門家の無料セミナーを活用してみよう！

- ☐ インボイス制度、影響がある事業者か否か確認する

- ☐ 公けの無料相談を活用しよう

- ☐ 地元自治体の広報誌・サイトで、オトク情報をチェック

- ☐ 活用できる補助金・助成金があるかチェック

- ☐ 頼れるプロを無料相談で見つけよう

- ☐ 迷ったら、中野センセイの V-Spirits に相談してみよう！

SNS の情報、自治体のサービス、
それに中野センセイにも相談で
きるなら心強いわ

インボイス登録したら税抜会計？

「インボイス制度がはじまって適格請求書発行事業者に登録したら、これまでの会計ソフトの処理を税込から税抜に変えなきゃいけないの？」

そんなフリーランスさんの声がちらほら聞こえてきますが、安心してください。税込処理のままでも OK です。

消費税の計算方法は、「税込経理方式」と「税抜経理方式」の 2 つがあります。免税事業者の場合は税込経理方式しか選べませんが、課税事業者はどちらを選んでも OK。ですから、これまで通り、税込処理のままで問題ありません。選択した方式は、すべての取引に適用するのが原則です。

「税込経理方式」と「税抜経理方式」それぞれのメリットとデメリットも確認しておきましょう。

税込経理方式の最大の**メリットは、帳簿づけが簡単**なこと。

デメリットは、固定資産の取得価格が税込金額で評価されてしまうことです。たとえば、本体価格 98,000 円のものを購入した場合、税抜なら 10 万円未満に該当しますが、税込だと 107,800 円（消費税率 10% の場合）となり、消耗品として処理することはできません。

反対に、税抜経理方式の場合は、消費税分を分けて仕訳するため帳簿の手間がかかるのがデメリット。メリットは、固定資産の取得価格を消費税を抜いた額で計上できる点です。

巻末付録

・・・・・・・・・・・・・・・・・・・・・・・・・・

お役立ち節税事例集

・・・・・・・・・・・・・・・・・・・・・・・・・・

※事例集内で使用している仕訳帳は、藤原道夫氏開発の「簡単仕訳帳」です。
　詳しくは巻末広告をご覧ください。
※確定申告書の数字は架空のものです。

開業初年うさこさんの場合…

前年に会社を退職、独立したうさこさん、初の確定申告 (青色) に挑戦！

うさこさんのプロフィール

職業：カウンセラー

家族：独身・一人暮らし

職場：レンタルオフィス

その他：開業初年

◆ うさこさんの節税度をチェック！

うさこさんの簡単仕訳帳 (一部)

	月	日	摘 要	コード	借方科目	金 額	コード	貸方科目	金 額
Ⓐ	4	1	名刺、看板作成料 (開業費用)	510	広告宣伝費	90,000			
	4	5	レンタルオフィス敷金	127	敷金・保証金	200,000			
	4	5	〃 賃料4月分	520	地代家賃	100,000			
	4	5	〃 共益費4月分	522	管理費	50,000			
	4	5	事務所消耗品等	514	消耗品費	30,000			
Ⓑ	4	5	関係先への手土産代	511	接待交際費	40,000			

👍 **いいね！**

Ⓐ 3月の開業前に名刺と看板を作っている (90,000 円)。**少額の開業費 (広告宣伝費) として全額を経費**に計上。

Ⓑ 旅行先で契約企業の担当者へお土産を購入。**接待交際費として経費**に計上。

Ⓒ **青色申告 & e-Tax** で 65 万円控除。

10 万円未満の開業費は一括で経費に (P.44 ～)、仕事相手への手土産は接待交際費 (P.28 ～) で OK ですね！

うさこさんの確定申告 B（第一表）

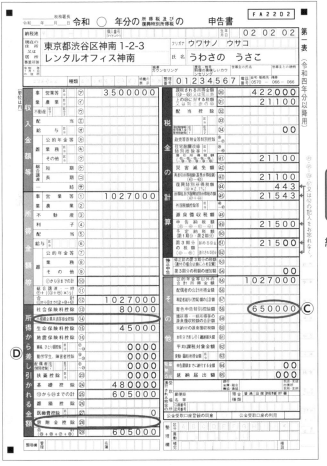

> 控除枠の活用で
> 納税額はもっと
> 減らせる！

納税額 **21,500 円**

検討するなら…

Ⓓ 将来へ備えるなら**小規模企業共済、iDeCo** など、今を充実させ
るなら**ワーク環境への投資**や**ふるさと納税**などを検討しても
Good ！

> 納税額 21,500 円を節税するのであれば、利用していない
> 「小規模企業共済等掛金控除」や「寄付金控除（ふるさと
> 納税）」などを検討してみてもよいですね！

副業ブロガー・ノリテツ君の場合…

副業 OK の会社員ノリテツ君、将来の独立に向けていざ確定申告！

ノリテツ君のプロフィール

職　業：鉄道ブロガー（副業）

家　族：独身・年金暮らしの母（65 歳
　　　　年金 140 万円 / 年）

職　場：実家（親所有）

その他：会社からの給与アリ
　　　　雑所得→事業所得(青色申告)

◆ ノリテツ君の節税度をチェック！

ノリテツ君の簡単仕訳帳（一部）

	月	日	摘　　要	コード	借方科目	金　　額	コード	貸方科目	金　　額
Ⓐ	1	16	身延へ（太っ腹新聞社取材）	508	旅費交通費	17,670			
Ⓑ	1	24	房総方面取材旅行（明細別紙）	508	旅費交通費	10,260			

👍 **いいね！**

Ⓐ　身延へ新聞社の取材旅行。**旅費交通費を経費に計上。**

Ⓑ　房総へ独自の取材旅行。**旅費交通費を経費に計上。**

Ⓒ　**青色申告 & e-Tax** で 65 万円控除。

仕事関係の旅行だから、経費で OK なのね

ノリテツ君の確定申告B（第一表）

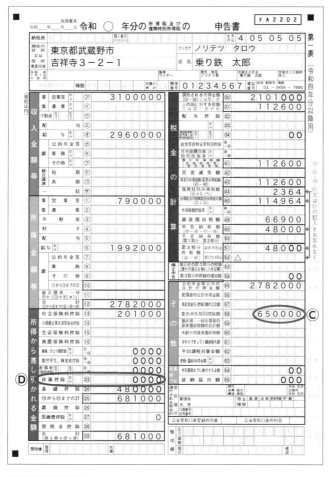

控除の申告モレ
注意！
更正の請求で正
しい納税額に減
額されます

納税額 **48,000 円**

もったいない！

Ⓓ 扶養控除を申告していない（会社でもしていない）が、**同居の母親（65 歳年金 140 万円／年）は扶養控除の対象。**

年金暮らしの親でも条件次第で扶養控除の対象になります（P.80 ～）。申告モレに注意！

妻子連れオオカミさんの場合…

固定資産と事業専従者アリのオオカミさんのケース

オオカミさんのプロフィール

職業：カメラマン

家族：妻、子ども

職場：自宅（賃貸）事務所

引継資産：車、敷金、借入金ほか

事業専用割合：車100%、家賃・利息40%

その他：妻が事業専従者

◆ オオカミさんの節税度をチェック！

オオカミさんの簡単仕訳帳（一部）

	月	日	摘　　要	コード	借方科目	金　額	コード	貸方科目	金　額
Ⓐ	1	25	花子　専従者給与	526	専従者給与	100,000			
	1	25	専従者給与　源泉所得税				206	預り金	720
Ⓑ	1	26	自宅家賃引落し 150,000円	520	地代家賃	60,000			
Ⓒ	1	29	自動車ローン引落し　利息	519	利子割引料	4,241			
	1	29	〃　　　　　　　元本	203	借入金	51,009			
Ⓓ	12	31	取材用車両の減価償却費	515	減価償却費	501,000	124	車両運搬具	501,000
	12	31	写真撮影用機材の減価償却費	515	減価償却費	53,167	125	工具器具備品	53,167

👍 **いいね！**

Ⓐ　妻に**専従者給与** 100,000 円を支払った（源泉所得税 720 円を控除）。

Ⓑ　自宅の家賃 15 万円（**経費算入 60,000 円**）が引き落とされた。

Ⓒ　自動車ローンの**返済金（利息＋元本）**が引き落とされた。

Ⓓ　固定資産の**減価償却費**を計上する。

> 妻の専従者給与、家賃の家事按分、車のローン利息分や減価償却費をモレなく経費に計上してる！

オオカミさんの確定申告B（第一表）

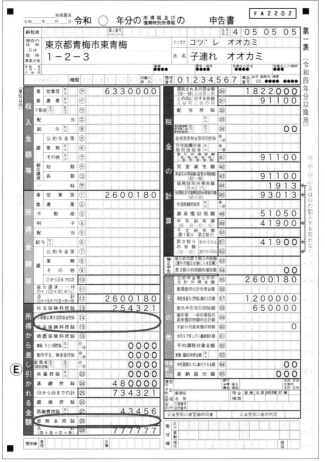

控除枠の活用で
納税額はもっと
減らせる！

納税額 **41,900 円**

検討するなら…

Ⓔ **小規模企業共済、iDeCo、生命保険、ふるさと納税**（寄付金控除）
などを活用すると、より納税額が減らせる。

> 生命保険料控除をフル活用（生命保険、介護医療
> 保険、個人年金保険）するのも〇。特に、これか
> ら学費がかかるお子さんがいる場合は、学資保険
> など近い将来に備える保険のチョイスもグッド

付録 お役立ち節税事例集

ぼちぼちフリーランスおサルさんの場合…

自宅（持ち家）オフィスを家事按分しているおサルさんだけど…

おサルさんのプロフィール

職業：企画、編集、ライター

家族：息子二人（夫なし）

職場：自宅（持ち家）事務所

引継資産：車、敷金、借入金ほか

事業専用割合：マンション建物・光熱費・
　　　　　　　　ローン利息 40%

その他：iDeCo＆小規模企業共済上限まで
　　　　　利用。住宅ローン控除は利用なし

◆ おサルさんの節税度をチェック！

おサルさんの簡単仕訳帳（一部）

	月	日	摘　　　　要	コード	借方科目	金　額	コード	貸方科目	金　額
Ⓐ	1	25	住宅ローン　利息	519	利子割引料	43,953			
	1	25	〃　　　　　元本	203	借入金	81,047			
Ⓑ	1	31	マンション管理費（20,000円）	522	管理費	8,000			

ちょっと注意！

Ⓐ　住宅ローン利息を**利子割引料で経費に計上**。※決算整理で家事分控除。

Ⓑ　マンション管理費を**管理費で経費に計上**。

持ち家をオフィスにして減価償却費やローンの利息分などを按分して経費にしている場合は、売却時に売却益にかかる税金が自宅用と違い優遇されない可能性も（つまり税金が多くなる）。その他、住宅ローン減税を利用している場合や管理費の按分についてなど、持ち家オフィスの家事按分については専門家に相談することをオススメします

おサルさんの確定申告Ｂ（第一表）

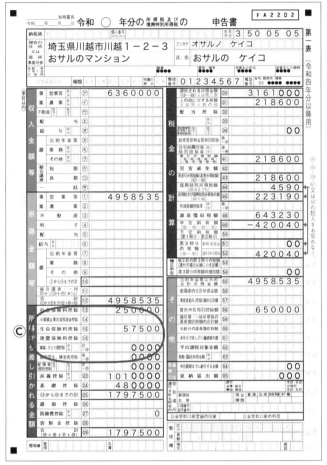

控除の申告モレ
注意！
更正の請求で正
しい還付額にな
ります

還付額 **420,040** 円

もったいない！

Ⓒ　ひとり親控除、小規模企業共済等掛金控除の**申告モレ**。

…あとで修正に行きました。申告モレには
くれぐれもご注意を！

ラーメン店起業メンタツさんの場合…

開業までに使ったお金（開業費）がたくさんあるメンタツさん

メンタツさんのプロフィール

職業：ラーメン店起業

家族：独身

職場：借り店舗

資産：厨房設備

申告：開業費あり

◆ メンタツさんの節税度をチェック！

メンタツさんの簡単仕訳帳（一部）

	月	日	摘　要	コード	借方科目	金　額	コード	貸方科目	金　額
Ⓐ	1	1	開業時の出資　敷金	127	敷金・保証金	500,000			
	1	1	〃　厨房設備一式	125	工具器具備品	1,000,000			
	1	1	〃　開業費（明細別紙）	128	開業費	7,000,000			
Ⓑ	12	31	厨房設備　減価償却費	515	減価償却費	167,000	125	工具器具備品	167,000
Ⓒ	12	31	開業費償却（任意）	523	開業費償却	1,000,000	128	開業費	1,000,000

👍 いいね！

Ⓐ　開業までに使った資金を**固定資産**と**開業費**に分けてそれぞれ計上。

Ⓑ　厨房設備（工具器具備品）を**減価償却**。

開業費と固定資産の計上と償却、
きちんとできてる！

メンタツさんの確定申告Ｂ（第一表）

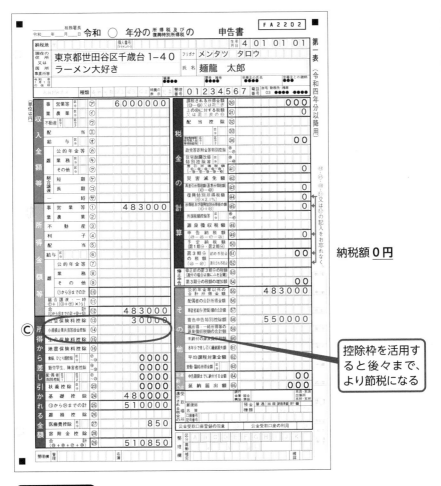

納税額 **0円**

控除枠を活用すると後々まで、より節税になる

［検討するなら…］

Ⓒ 開業費700万円のうち100万円を償却していますが、小規模企業共済などの**所得控除を利用した上で残りを償却**すると、後々まで、より節税になる。

ラーメン店の販促に補助金を活用するのもオススメです

　私は東京・中野の小さな自転車屋さんの長男として生まれました。将来の夢は、父のあとを継ぎ、自転車屋さんになること。その夢を叶えるために一生懸命です。小学校から帰ってくると、お店の手伝いをします。「おーい！　いくぞー！」と父から声が掛かったら、軽トラックの助手席に乗り、自転車を納めに行きます。帰ってきたら、お店の前を掃除したり、商品を布でピカピカに磨いたり。そのあとは、パンク修理。金属製の容器に溜めた水にタイヤチューブをぐーっと押し込むと、小さな泡がブクブクと上がってきます。そこがパンクして穴が開いている箇所。接着剤を塗ったゴムパッチをつけて、タイヤを元に戻して空気を入れたら、完成です。楽しいのですが、真冬の冷たい水に手を突っ込んで作業するのは、大変です。父の手を見ると、いつも真っ黒の油だらけ。石鹸で洗っても爪の中の油はなかなか落ちません。夜になってお店を閉めると、母がそろばん片手になにやら書き込んでいます。「お母さん、なに書いてるの？」と聞くと、伝票をつくっているのだと。税理士さんに毎月送るそうです。お店を閉めたあと、夜までこんなことをするなんて、自転車屋さんを経営するのは、とても大変なことなんだと知りました。

　時が経ち成長するまでの間に、父は商売をやめて店を畳むとともに、私は税理士を目指していました。そうした小さなお店をサポートしたいと考えたのです。

　開業してから16年。ここのところ、年々、軽減税率やインボイス制度、電子帳簿保存法など、税金まわりの制度が煩雑で難しくなり、小さなお店のご主人やフリーランスのみなさんには、ついていくのが大変になってきているんじゃないか……と感じます。また、誰も教えてくれなかったからと、余分な税金を払ってしまった人からの相談も多く受けるよう

になりました。こうしたことは、子どもの頃から小さなお店の商売の基本を学ぶと同時に、お金を稼ぐ大変さも身をもって体験してきた私としては、とても心の痛いことです。

ただ、商売をやっている以上、決められたルールをきちんと守り、経営していく必要があります。だとしたら、やりくりをしていくだけでも大変な中で、少なくとも余分な税金を払わないようにしていただきたい。シンプルに手間なく処理してもらいたい、そのように考えるのです。

そのような中、今回、共著の中山圭子さんからこの企画のお誘いを受け、一緒に進めてきました。実際に個人事業主、フリーランスのみなさまの意見にも耳を傾け、どんな悩みがあるか、何がわからなくて、知りたいことなのかを聞くこともできました。ご要望を全て反映し、やさしくまとめたのが本書です。全国の個人事業主、フリーランスのみなさまの役に立ち、シンプルにわかって、間違いなくラクに処理して、余分な税金を払わない。その一助になれば幸いです。これからも大好きなことに打ち込み、安心して天職を全うしていただけたら、筆者としてこんなにうれしいことはありません。

起業コンサルタント®・税理士　中野　裕哲

アンケート (P.12) 内容と集計方法について

以下の設問で税理士 12 名にアンケートを実施

【設問】

Q.1 小規模フリーランス（売上〜 300 万円前後）が独力でできる節税法として適当なものを選んでください。

※複数回答可

※適当と判断されたもの全てをチェック。手間やリスクを考慮すると、やらないほうがいいものは除外

- ☐ 家事按分費 (家賃など) の計上【所得の計算関係】
- ☐ HP 制作など販促系への投資【所得の計算関係】
- ☐ 4 年落ち中古車を買って節税【所得の計算関係】
- ☐ 経営セーフティ共済【所得の計算関係】
- ☐ 自宅オフィス(持ち家)の住宅ローン利子割引料を家事按分【所得の計算関係】
- ☐ 自宅オフィス (持ち家) の減価償却費を家事按分【所得の計算関係】
- ☐ 短期前払費用で節税【所得の計算関係】
- ☐ 30万円(白色なら10万円)未満の備品を購入して一括償却【所得の計算関係】
- ☐ 仕事に役立つグッズ (消耗品、本) などを集中的に買う【所得の計算関係】
- ☐ 青色申告で青色申告特別控除の適用【申告関係】
- ☐ e-Tax【申告関係】
- ☐ 小規模企業共済【控除関係】
- ☐ iDeCo (確定拠出年金)【控除関係】
- ☐ 国民年金基金 (or 付加年金)【控除関係】
- ☐ 扶養控除【控除関係】
- ☐ ふるさと納税【控除関係】
- ☐ 医療費控除【控除関係】
- ☐ セルフメディケーション税制【控除関係】
- ☐ 住宅ローン控除【控除関係】
- ☐ 生命保険で節税【控除関係】
- ☐ 雑損控除【控除関係】
- ☐ その他

Q.2 上記で選んだものに順位をつけてください。その他にチェックした場合は明記して順位に入れてください。

【順位づけの目安】

1. （知識とやる気があれば）誰でもできるもの
   ※計上・記入モレがあると税額が増えるものを優先

2. 状況次第でできるもの (扶養控除、住宅ローン控除など)
   ※該当する人が多そうなもの、節税額が大きなものを優先

【集計結果】

Q.1 の回答結果

項目	得票数
家事按分費（家賃など）の計上【所得の計算関係】	9
HP制作など販促系への投資【所得の計算関係】	4
4年落ち中古車を買って節税【所得の計算関係】	1
経営セーフティ共済【所得の計算関係】	7
自宅オフィス（持ち家）の住宅ローン利子割引料を家事按分【所得の計算関係】	2
自宅オフィス（持ち家）の減価償却費を家事按分【所得の計算関係】	3
短期前払費用で節税【所得の計算関係】	3
30万円（白色なら10万円）未満の備品を購入して一括償却【所得の計算関係】	6
仕事に役立つグッズ（消耗品、本）などを集中的に買う【所得の計算関係】	5
青色申告で青色申告特別控除の適用【申告関係】	10
e-Tax【申告関係】	9
小規模企業共済【控除関係】	12
iDeCo（確定拠出年金）【控除関係】	6
国民年金基金（or 付加年金）【控除関係】	5
扶養控除【控除関係】	4
ふるさと納税【控除関係】	5
医療費控除【控除関係】	2
セルフメディケーション税制【控除関係】	2
住宅ローン控除【控除関係】	5
生命保険で節税【控除関係】	4
雑損控除【控除関係】	2

全員が小規模企業共済にチェックしてる！私はフリーランスデビューして10年以上経ってからその存在に気づいたクチです

玄人ウケNo.1は、小規模企業共済ですね。ランキング上位の、青色申告、e-Tax、家事按分、いずれも得票数が多いです

Q.2 の回答結果

※順位づけされたもののうち、上位3位に入ったものを、1位3ポイント、2位2ポイント、3位1ポイントで集計（順位づけなしで選択した18項目を同率1位とした1名分の結果は除いた）

	A氏	B氏	C氏	D氏	E氏	F氏	G氏	H氏	I氏	J氏	K氏
1位	住口 3	家按 3	小共 3	青色 3	ふ納 3	eTax 3	青色 3	扶養 3	青色 3	青色 3	青色 3
2位	小共 2	HP 2		eTax 2	iDe 2	小共 2	eTax 2	生保 2	扶養 2	小共 2	eTax 2
3位	経セ 1	経セ 1		家按 1	国年 1	住口 1	家按 1	ふ納 1	仕グ 1	経セ 1	家按 1

1位	**青色**	**15** ポイント
2位	**小共、eTax**	**9** ポイント
4位	**家按**	**6** ポイント
5位	**扶養**	**5** ポイント
6位	**ふ納、住口**	**4** ポイント
8位	**経セ**	**3** ポイント
9位	**iDe、生保、HP**	**2** ポイント
12位	**国年、仕グ**	**1** ポイント

家按	…	家事按分費（家賃など）の計上
HP	…	HP制作など販促系への投資
経セ	…	経営セーフティ共済
仕グ	…	仕事に役立つグッズ（消耗品、本）などを集中的に買う
青色	…	青色申告で青色申告特別控除の適用
eTax	…	e-Tax
小共	…	小規模企業共済
iDe	…	iDeCo（確定拠出年金）
国年	…	国民年金基金（or 付加年金）
扶養	…	扶養控除
ふ納	…	ふるさと納税
住口	…	住宅ローン控除
生保	…	生命保険で節税

アンケートにご回答いただいた税理士・税理士法人、事務所のみなさま

(敬称略・回答順・希望者のみ掲載)

紙本好太郎税理士事務所

ユナイテッド・アドバイザーズ税理士法人

金森俊亮公認会計士税理士事務所

竹澤税理士事務所

あさひ税理士事務所

田中卓也税理士事務所

さいたま新都心税理士法人

税理士加賀谷豪事務所

ほか

ご協力＆小規模フリーランスへの
有益なアドバイス、
誠にありがとうございました！

著者 ● 中野裕哲 （なかのひろあき）

経営コンサルタント、起業コンサルタント®、税理士、特定社会保険労務士、行政書士、ファイナンシャル・プランナー（CFP®、1級ファイナンシャル・プランニング技能士）。

起業家支援、経営者支援をライフワークとし、起業準備から起業後の経営まで、窓口ひとつでまるごと支援する「V-Spirits グループ」（税理士法人・社会保険労務士法人・行政書士法人）代表、V-Spirits 総合研究所株式会社代表。

経済産業省が後援する日本最大の起業・経営支援ポータルサイト「ドリームゲート」で12年連続相談件数日本一、最優秀賞受賞他8部門受賞。最新刊『0からわかる！起業超入門』（ソシム）ほか著書多数。

本書では、フリーランスや個人事業主向けに手間なくシンプルな節税をわかりやすく解説した。

聞き手 ● 中山圭子 （なかやまけいこ）

出版社勤務を経て、現在はフリーの企画編集者、ライターなどで活動中。お悩みを解決しながら本が作れる「一石二鳥の企画」が好き。共著書に『超シンプルな青色申告、教えてもらいました！』。今回は、「面倒くさいのはムリだけど、損はしたくない！」というフリーランスさんのために節税のツボを教わってきました！

フリーランス・個人事業主の
超シンプルな節税と申告、教えてもらいました！

2023年10月15日　第1刷

著　　者　　中野裕哲

聞 き 手　　中山圭子

発 行 者　　小澤源太郎

責 任 編 集　　株式会社 プライム涌光

電話　編集部　03(3203)2850

発行所　　株式会社 青春出版社

東京都新宿区若松町12番1号〒162-0056
振替番号　00190-7-98602
電話　営業部　03(3207)1916

印刷　大日本印刷　　製本　大口製本

万一、落丁、乱丁がありました節は、お取りかえします。

「わかりやすい！」と大好評既刊！

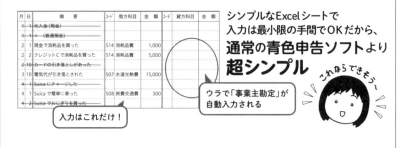
お願い　ページわりの関係からここでは一部の既刊本しか掲載してありません。折り込みの出版案内もご参考にご覧ください。

※上記は本体価格です。（消費税が別途加算されます）
※書名コード（ISBN）は、書店へのご注文にご利用ください。書店にない場合、電話またはFax
　（書名・冊数・氏名・住所・電話番号を明記）でもご注文いただけます（代金引換宅急便）。
　商品到着時に定価＋手数料をお支払いください。
〔直販係　電話 03-3207-1916　Fax 03-3205-6339〕
※青春出版社のホームページでも、オンラインで書籍をお買い求めいただけます。
　ぜひご利用ください。〔https://www.seishun.co.jp/〕